세상에서 제일 쉬운
이모티콘 클래스

니니(변서희)

이모티콘 만들기가 취미인, 자칭 타칭 이모티콘 공장 nini입니다. 애니메이션을 배운 적이 없었기 때문에 이모티콘은 먼 이야기라고 생각해왔어요. 어떻게 해야 움직이는 걸 표현할 수 있을지 막막하더라고요. 회사를 다니며 어깨너머 배운 '있어 보이는 모션의 비밀'을 발판 삼아 이모티콘 제작에 도전했습니다. 지금까지 20개 이상의 이모티콘을 제작했고, 각종 대기업의 외주 작업도 맡아 진행할 수 있게 되었어요. 제가 깨달은 비법을 나누기 위해 탈잉에서 이모티콘 튜터로도 활동하고 있답니다.

움직이는 이모티콘, 어려워 보이나요? 움직이는 이모티콘을 빠르고 쉽게 만드는 저만의 방법을 알려드릴게요!

세상에서 제일 쉬운 이모티콘 클래스

발행일 2021년 10월 25일 (1판 1쇄)

지은이 니니(변서희)

발행인 김윤환
출판 총괄 유진
책임 편집 허주영

발행처 (주)탈잉
신고 2020년 2월 11일 제2020-000036호
주소 서울특별시 강남구 테헤란로 625 6층
이메일 books@taling.me
팩스 02-6305-1607
홈페이지 www.taling.me
블로그 blog.naver.com/taling_me
페이스북 @taling.me
인스타그램 @taling_official

ⓒ 니니(변서희), 2021

ISBN 979-11-974316-5-4 (13000)

- 책값은 뒤표지에 있습니다.
- 잘못된 책은 구입하신 곳에서 바꾸어 드립니다.
- 이 책은 저작권법에 따라 보호받는 저작물이므로 무단 전재와 무단 복제를 금하며,
  이 책의 전부 또는 일부를 이용하려면 반드시 저작권자와 (주)탈잉의 서면 동의를 받아야 합니다.

세상에서 제일 쉬운

이모티콘 CLASS

니니
(변서희)

탈잉™

prologue

이 책을 읽는 분이라면 아마 이모티콘에 관심이 있거나, 가지고 있는 아이패드를 더 풍부하게 사용하고 싶은 분이 아닐까 생각해요.

저는 국내 IT 기업에서 재직하던 시기에 우연히 제안한 이모티콘이 덜컥- 승인이 나게 되어서 얼떨결에 이모티콘 작가가 되었습니다. 이모티콘 시장에 뛰어든 약 1년간 국내에서 가장 큰 이모티콘 플랫폼인 카카오를 포함하여 오지큐마켓, 라인 크리에이터스, 밴드 등의 각종 이모티콘 샵에 20개 이상의 이모티콘을 제안하고 등록했습니다.

각종 플랫폼에 이모티콘을 제안하면서 쌓은 노하우와 모든 스킬을 이 책에 꾹꾹 눌러 담았습니다. 저의 목표는 여러분들이 이 책을 읽으며 "이모티콘 별거 아니잖아?"와 같은 마음이 들도록 만드는 것입니다. 이모티콘이 쉬워 보여서 시작했다가도 정보는 많은데 무엇을 따라야 할지 고민되고, 특히 움직이는 이모티콘을 내가 잘 이해할 수 있을까 걱정되어, 결국 낙심하는 사람들이 많습니다.

하지만 막상 배우고 나서는 "어, 이거 정말 별거 아니잖아요? 어, 이거 나도 할 수 있겠는데?"라는 말을 하곤 합니다. 이 책이 너무나도 높아 보였던 이모티콘의 허들을 낮춰주는 계기가 되었으면 좋겠습니다.

이 책에서는 아이패드 전용 앱인 프로크리에이트를 주로 사용해 움직이는 이모티콘을 제작하는 방법에 대해 배웁니다. 그리고 만든 이모티콘을 다양한 플랫폼에 제안하는 방법 또한 알려드릴 거예요. 제가 가지고 있는 모든 소스들과 모든 노하우들을 담았으니까요. 꼭 끝까지 완독해주세요!

이모티콘 작가로 가는 길, 함께 떠나볼까요?

니니(변서희)

prologue 4

툴 익히기

1. **프로크리에이트**
   1. 기본 구성을 알아봐요 15
   2. 연습을 해요 47
   한 걸음 더. 알면 더 좋은 프로크리에이트 TMI 52

2. **포토샵**
   1. 기본 구성을 알아봐요 63
   2. 연습을 해요 68

PART 1
기획하기

1. 아이디어 구체화하기

1. 이렇게 이모티콘을 기획했어요 83
2. 이런 레퍼토리를 사용했어요 93

2. 캐릭터 만들기

1. 나만의 캐릭터를 만들어요 98
2. 관찰하고 단순화해요 103
3. 개성 있는 캐릭터로 만들어요 108
4. 이모티콘으로 구성해요 118

PART 2
제작하기

1. 썸네일 만들기

1. 아이디어를 스케치해요 ... 129
2. 썸네일을 스케치해요 ... 131
3. 라인을 따요 ... 132
4. 채색을 해요 ... 133
5. 클리핑 마스크로 특정 효과를 줘요 ... 135
6. 썸네일 레이어 그룹을 정리해요 ... 136

2. 모션 제작하기

1. 모션을 스케치해요 ... 139
2. 모션 라인을 따요 ... 144
한 걸음 더. 애니메이션 어시스트바 자세히 보기 ... 148
한 걸음 더. 움직임에 효과를 주는 방법 ... 155
한 걸음 더. 모션 레퍼런스 찾기 ... 168

따라 해봐요 1. 모션감 익히기 174
따라 해봐요 2. 반복되는 모션 구현하기 184
따라 해봐요 3. 2개 이상의 키 프레임이 있는 모션 192

3. 저장과 내보내기

1. 이미지 내보내기 204
2. gif 내보내기 210
3. 포맷하기 212
한 걸음 더. 레이어별로 내보내기 214

PART 3
제안하기

1. **제안하는 과정 한눈에 보기**
    1. 제안하기 225
    2. 결과 확인하기 225
    3. 상품화하기 225
    4. 출시와 판매하기 225

2. **플랫폼별 제안 과정**
    1. 카카오 이모티콘 226
    2. 오지큐마켓 234
    3. 밴드 스티커 238
    4. 라인 스티커 242
    5. 모히톡 252

PART 4 QnA

1. 작업 이미지 적정 사이즈가 궁금해요! 259
2. 폰트와 서체는 자유롭게 사용하나요? 260
3. 캐릭터의 저작권이 궁금해요! 263
4. 카카오에서 미승인된 이모티콘은 어떻게 할까요? 264
5. 같은 이모티콘을 다른 플랫폼에 내도 되나요? 266
6. 패러디와 표절의 차이는 무엇인가요? 267
7. 더 궁금한 게 있어요! 268

epilogue 270

PART 0
툴 익히기

이모티콘을 만들기 위해 우리가 다루게 될 툴은 크게 '프로크리에이트'와 '포토샵'입니다. 본격적으로 이모티콘 만들기를 시작하기에 앞서 툴을 익혀보겠습니다.

이 책에서는 프로크리에이트 5.0 이후 버전, 포토샵 CC2021 한글판을 기준으로 설명합니다.

STEP 1 프로크리에이트

앱스토어에서 프로크리에이트를 검색합니다. 프로크리에이트는 아이패드 전용 유료 앱입니다. 최신 버전인지 확인한 뒤 프로그램을 다운받아 열어줍니다. 처음 실행하면 예시 그림이 나오는데 지워도 괜찮습니다.

1. 기본 구성을 알아봐요

프로크리에이트를 이용할 때 알아야 하는 기본 메뉴와 전체적인 인터페이스를 살펴보겠습니다. 예제를 다루다 보면 외우려고 노력하지 않아도 자연스럽게 익혀지는 부분이랍니다. 그러니 외워야 한다는 부담 없이 가볍게 쓱 훑으며 연습해보면 자연스럽게 습득할 수 있을 거예요.

캔버스

새로운 캔버스를 만들어볼게요. 오른쪽 상단의 + 버튼을 누르면 '새로운 캔버스'라는 설정창이 나옵니다. 이때 + 버튼을 한 번 더 누르면 '제목 없는 아트워크(캔버스)'를 바로 만들 수 있어요. 앞으로 연습할 캔버스를 만들어볼게요.

실전

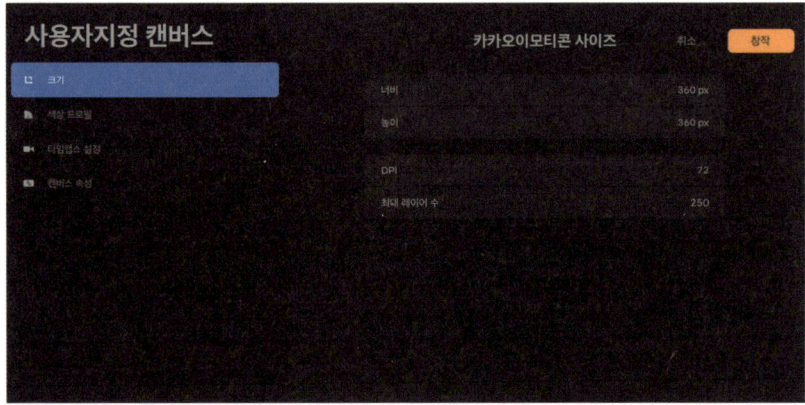

'제목 없는 아트워크(캔버스)'를 누르면 이름을 바꿔줄 수 있어요. 이름을 '카카오이모티콘 사이즈'라고 변경할게요. 사이즈는 어느 정도로 만들면 좋을까요? 저는 카카오 이모티콘의 규정 사이즈인 360*360px, 해상도 72dpi (dpi=dot per inch)로 지정했어요. 이모티콘은 화면상에서 가동되는 이미지이기 때문에 통상적으로 웹 기준에 따라 72dpi로 지정해준답니다.

> **Tip** 360*360px 사이즈의 실제 크기는 정말 작습니다. 사이즈가 워낙 작다 보니, 깨지는 느낌이 드는 건 어쩔 수 없습니다. 아이패드 화면에서는 실제 종이 크기를 '늘려서' 보는 중이니까요. 이런 현상이 불편하다면 캔버스를 액정 화면보다 큰 사이즈(1000*1000px 이상)로 설정해서 작업하면 비교적 깨짐 현상이 덜 보인답니다. 그런데 크게 작업하면 나중에 포토샵을 통해 사이즈를 조정해줘야 하는 번거로움이 있어요. (이미지 리사이징에 관한 자세한 내용은 72p 참고)

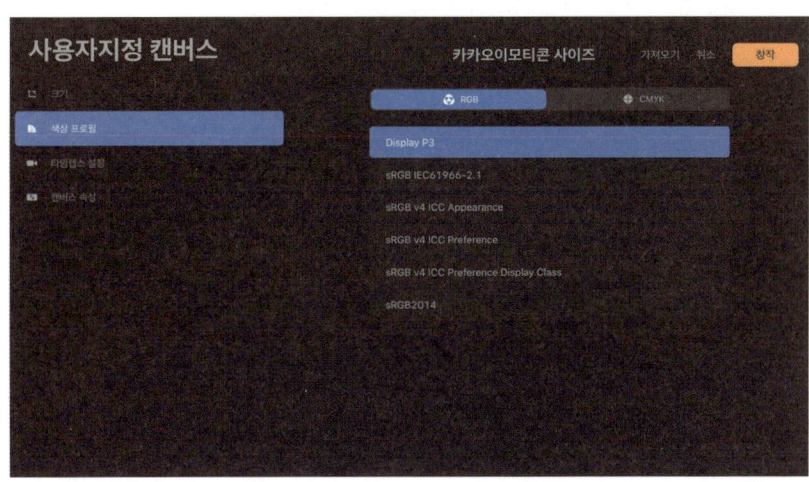

색상 프로필에는 RGB와 CMYK라는 두 가지 옵션이 있습니다. 웹용으로 사용하는 작업은 RGB로, 인쇄를 목적으로 하는 작업은 CMYK로 작업해야 합니다. 이모티콘은 웹용(화면용) 이미지이기 때문에 기본 설정인 RGB를 선택해줍니다.

> **Tip** 포토샵에서는 작업 도중 색상 프로필을 바꿔줄 수 있지만 프로크리에이트에서는 새로운 캔버스를 만든 후 작업을 하는 도중에 색상 프로필을 바꿀 수 없습니다. 만약 웹용으로 작업을 하다가, 인쇄를 위해 색상 프로필을 바꾸고 싶다면 포토샵으로 파일을 옮겨서 바꿔야 합니다.

사이즈와 색상 프로필을 결정했다면 오른쪽 상단의 '창작' 버튼을 눌러 캔버스를 제작해줍니다.

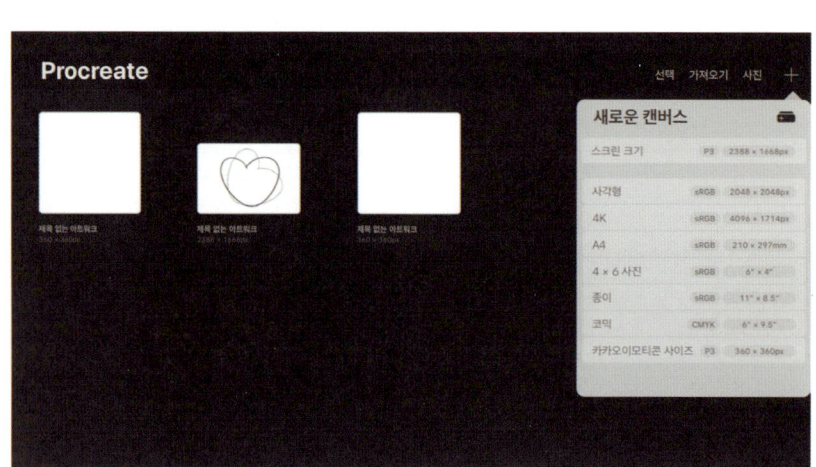

해당 사이즈의 캔버스를 많이 사용할 예정이라면 등록해두는 것이 좋아요. 앞으로 동일한 사이즈의 캔버스를 생성할 때 새로 설정할 필요 없이 만들어둔 사이즈의 캔버스를 열어서 사용하면 됩니다. 캔버스를 편집하거나 삭제할 때는 해당 캔버스를 오른쪽에서 왼쪽으로 슬라이드하면 나오는 옵션에서 작업합니다.

브러시도구

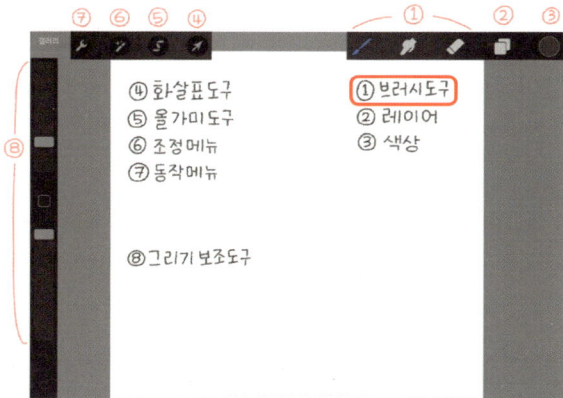

오른쪽 상단의 메뉴바에서 왼쪽부터 차례대로 3가지가 브러시도구입니다.

일반 브러시

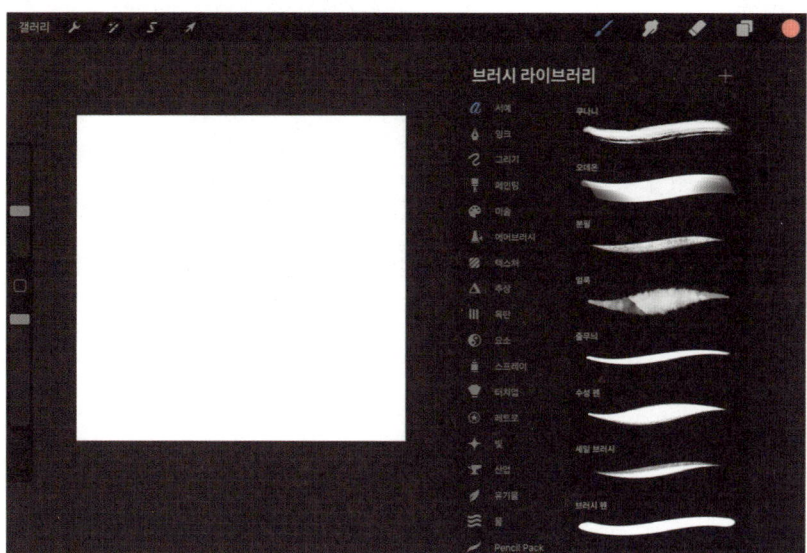

첫 번째 브러시도구는 '일반 브러시'입니다. 우리가 흔히 생각하는 브러시로 그림을 그릴 때 사용합니다. 라이브러리에서 다양한 브러시를 확인할 수 있으니 하나하나 눌러보면서 사용해보세요. 브러시의 굵기나 불투명도를 조정하고 싶을 때는 캔버스 왼쪽의 바를 사용하면 됩니다. 상단에 있는 바는 브러시의 크기를, 하단에 있는 바는 브러시의 불투명도를 조정할 수 있습니다. 나머지 툴은 나중에 더 자세하게 다뤄볼게요.

뭉개는 브러시

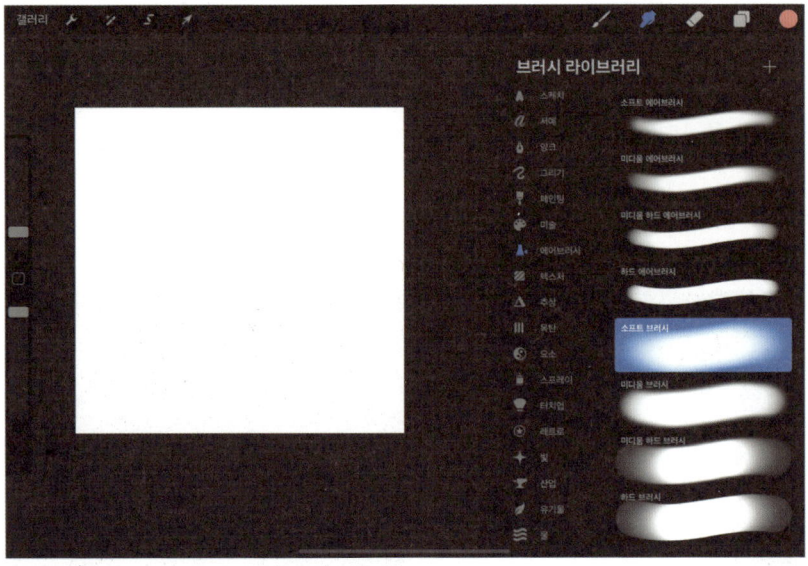

두 번째 브러시도구는 '뭉개는 브러시'입니다. 마찬가지로 라이브러리에 다양한 브러시가 있으며 원하는 브러시를 고를 수 있습니다. 여러 가지 텍스처를 사용해보며 특징을 비교해보세요.

지우개 브러시

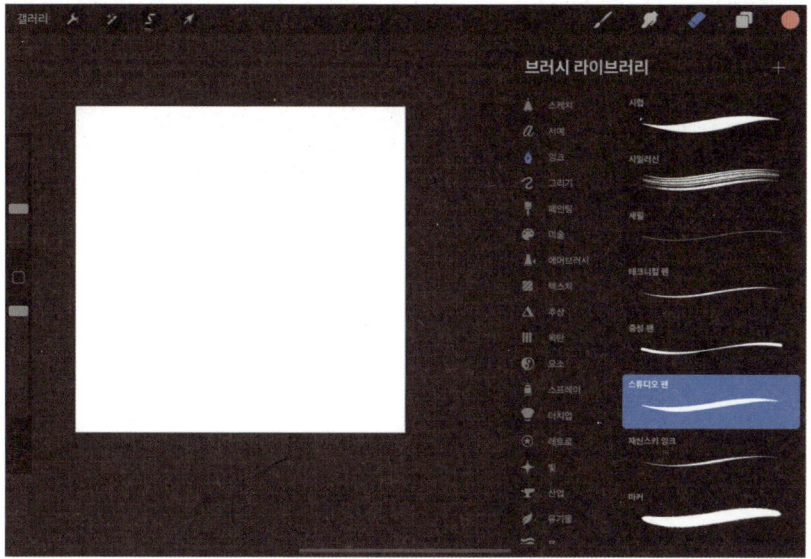

세 번째 브러시도구는 '지우개 브러시'입니다. 지우개 브러시도 마찬가지로 브러시이기 때문에 다양한 텍스처가 있다는 점 유의해주세요.

> **Tip** 가장 많이 하는 실수는 지우개로 지워야 하는 부분을 흰색 브러시로 칠하는 것입니다. 지우개로 지우는 것과 흰색으로 칠하는 것을 구분해야 하는데요. 언뜻 눈으로 보기에는 같아 보이지만, 레이어를 확인해보면 지워지고 있는 게 아니라 흰색으로 칠해지고 있다는 걸 확인할 수 있습니다. 배경이 흰색이기 때문에 헷갈릴 수 있다는 점을 유의하세요!

브러시 설정

프로크리에이트에서는 브러시를 커스터마이징해서 입맛에 맞도록 설정할 수 있습니다. 브러시 라이브러리에서 커스터마이징하고 싶은 브러시를 한 번 더 눌러주면, '브러시 스튜디오'라는 창이 뜹니다. 브러시 스튜디오의 옵션은

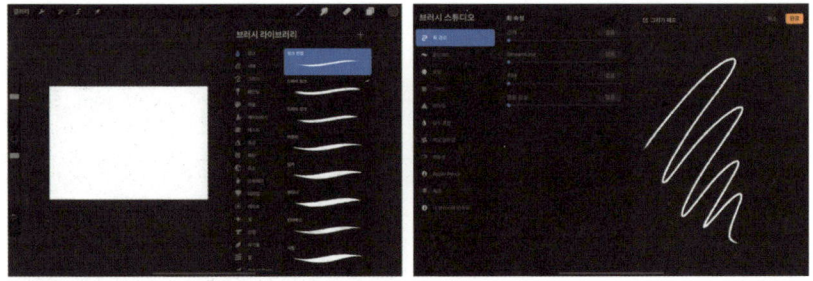

한글인데도 무슨 말인지 해석이 어렵다는 점이 특징입니다. 브러시를 이리저리 설정해보면서 오른쪽의 그리기 패드에 테스트를 해보면 명확하게 알 수 있습니다.

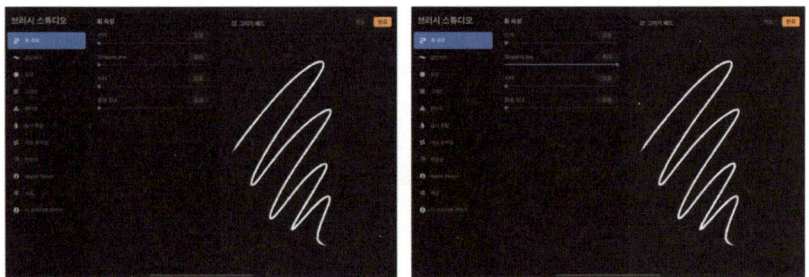

자주 활용하는 설정 중 하나는 [잉크 - 잉크 번짐]입니다. 브러시의 흐름이 특징으로, [획 경로] - [Stream Line]에서 확인할 수 있어요. Stream Line을 조정해주면 그냥 그리는 것보다 조금 더 부드럽게 보정되어 그려진다는 것을 알 수 있습니다. 어떤 브러시를 처음 쓸 때 무거운 느낌이 들거나, 타이밍이 느린 느낌이 든다면 Stream Line의 농도가 센 브러시일 거예요. 그럴 때 조정해주면 되는 게 Stream Line입니다. 어느 정도가 적당하다는 정답은 없습니다. 그리면서 불편하다면 조정하는 게 맞다고 생각해요. Stream Line의 특징을 알아보기 위해서 이 값이 최소일 때 그리는 느낌과 최대일 때 그리는 느낌을 비교하며 원하는 값을 찾아보세요.

> **Tip** 저는 모든 브러시를 제가 편한 대로 수정했습니다. 제 취향은 Stream Line 20 ~ 40% 사이인데 너무 정직하게 그려지지는 않으면서도 적당히 예쁘게 보정되더라고요. 반면 제 친구는 무조건 Stream Line을 최대로 두고 사용해요. 보정되어서 부드럽게 그려지는 게 좋다고 해요. 여러분의 취향은 어떤가요?

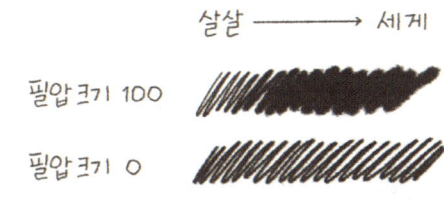

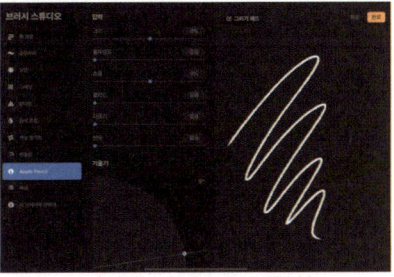

자주 활용하는 두 번째 설정은 필압 조절입니다. **필압이란 디지털 페인팅에서 펜슬에 가하는 압력에 따라 달라지는 속성입니다.** 쉽게 말하면 펜슬을 세게 눌러 그리거나 살살 그렸을 때 브러시의 굵기가 얇아지거나 굵어지는 경우, 혹은 브러시가 연해지거나 진해지는 경우에 필압이 있다고 생각하면 됩니다.

그런데 이모티콘의 라인을 그릴 때 필압이 세면 깔끔한 작업이 어려울 수 있어요. 브러시의 기본 필압 세팅은 브러시별로 다릅니다. 브러시의 필압을 수정하고 싶을 때에는 브러시 라이브러리의 [Apple Pencil]에서 필압에 영향을 주고 있는 옵션의 설정을 '0'으로 조절해주면 됩니다. 예를 들어, 위와 같은 경우 '크기'의 설정값이 100으로 지정되어 있기 때문에 브러시를 사용했을 때의 브러시 크기, 곧 브러시의 압력에 따라 굵기 변화가 있었을 거예요. 필압의 '굵기'를 조절하기 위해서는 브러시 라이브러리의 [Apple Pencil] - [크기]를 조정하면 됩니다. 필압이 있는 브러시는 보통 크기가 설정되어 있는데, 크기를 0%로 바꾸면 필압이 없어져서 어떠한 압력에서도 일정한 굵기의 라인을 표현할 수 있습니다.

 브러시의 흐름 보정 : 브러시 스튜디오 - 획 경로 - Stream Line
브러시의 필압 조절 : 브러시 스튜디오 - Apple Pencil - 크기

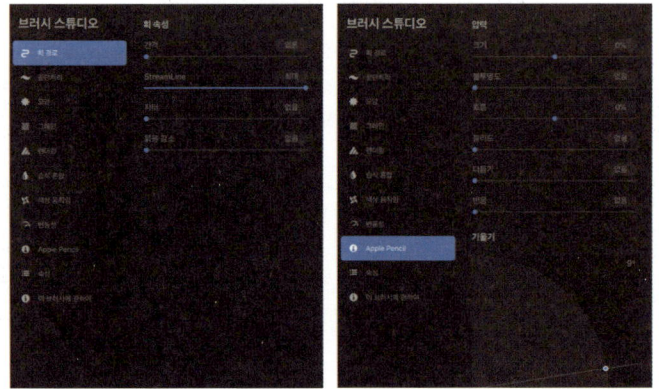

설정이 끝났다면 오른쪽 상단의 [완료]를 눌러 바뀐 설정의 브러시로 자동 저장합니다. 이 외에도 Stream Line이나 필압의 조정이 필요한 브러시가 있을 거예요. 여러 브러시를 사용해보면서 손에 맞는 브러시를 찾고, 설정을 바꾸어봅시다.

 **POINT** 브러시 라이브러리 생성

브러시를 사용하다 보면 이 탭, 저 탭, 왔다 갔다 하는 게 귀찮고 찾는 데 많은 시간을 소비하게 됩니다. 이런 경우에는 브러시 라이브러리를 새로 생성해서 자주 사용하는 나만의 브러시 라이브러리를 만들어두면 편합니다.

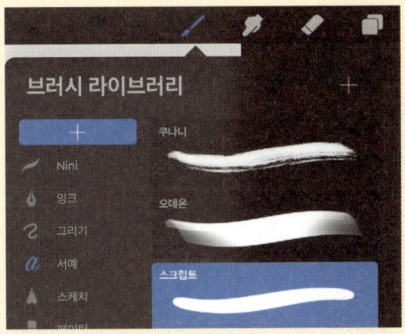

브러시 라이브러리의 왼쪽 탭을 위에서 아래로 슬라이드하면 숨겨져있던 + 버튼이 나옵니다. + 버튼을 누르면 빈 라이브러리가 생성되죠. 빈 라이브러리에 기존의 브러시를 담고 싶다면, 담고 싶은 브러시의 창에 가서 해당 브러시를 끌어다놓으면 됩니다. 사본을 만들어서 사본을 이동하고 싶다면 해당 브러시를 오른쪽에서 왼쪽으로 슬라이드했을 때 나오는 옵션에서 복제해준 뒤 복제된 사본을 이동해주면 됩니다.

레이어

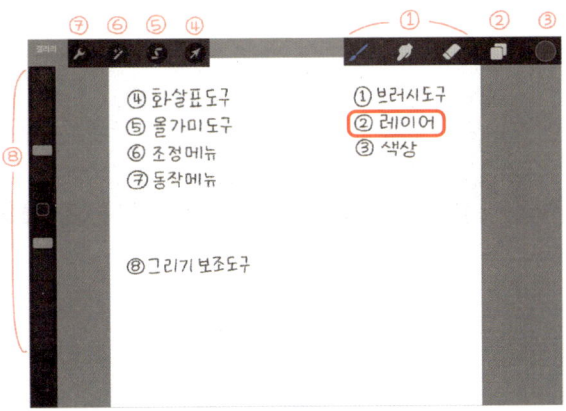

① 브러시도구
② 레이어
③ 색상
④ 화살표도구
⑤ 올가미도구
⑥ 조정메뉴
⑦ 동작메뉴
⑧ 그리기 보조도구

1. 프로크리에이트

오른쪽 상단의 메뉴바에서 세 가지 브러시도구 다음이 레이어입니다.

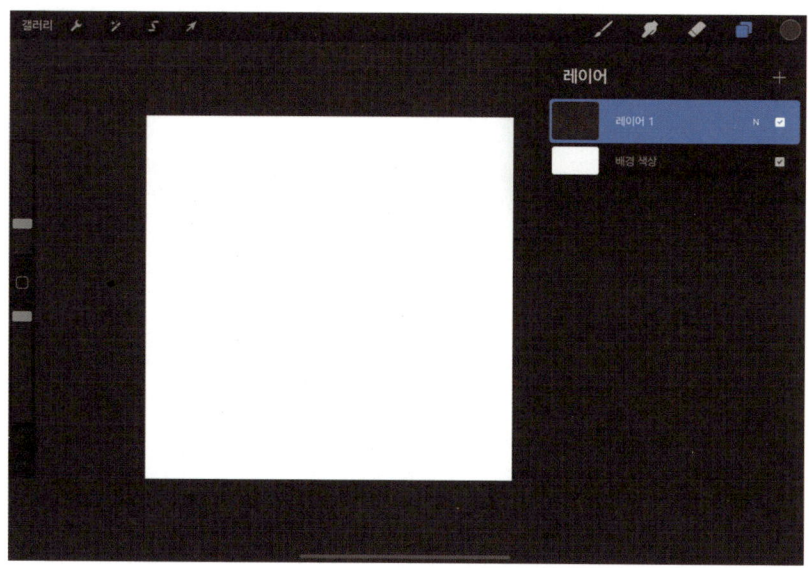

여러분은 레이어의 기능을 잘 알고 있나요? 저는 포토샵과 일러스트레이터를 처음 배웠을 때 레이어의 개념이 어려워서 완전히 이해하기까지 정말 오랜 시간이 걸렸어요. 제가 딱! 이해할 수 있게 도와드릴게요.

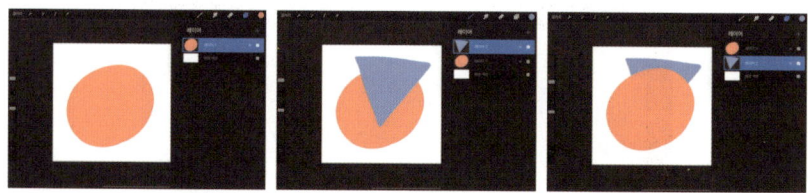

우선 주황색 동그라미를 하나 그려볼게요. 그리고 레이어를 하나 추가해서 새 레이어에는 파란색 세모를 그려보겠습니다. 이때 '동그라미 다음에 세모를 그렸으니까 순서대로 층층이 쌓이는 게 아닌가요?'라고 생각할 수 있는데요. 레이어의 순서를 바꿔주면 상하 관계도 바뀌는 것을 확인할 수 있죠. 이렇듯 레이어는 '층'의 개념을 가지고 있습니다. 레이어의 개념을 알았다면 레이어를 언제 어떻게 쓰느냐가 중요합니다. 예시를 들어 설명해볼게요.

스케치를 열심히 하고, 깔끔하게 라인으로 마무리해줘야 하는데, 둘 다 같은 레이어에 그리면 스케치를 지울 수 없겠죠? 그렇기 때문에 라인용 레이어를 추가해서 스케치를 대고 라인을 따줍니다. 그럼 스케치와 라인을 따로 분리할 수 있어서 깔끔한 작업이 가능합니다.

채색을 하고 표정을 그렸다고 해보죠. 노란 얼굴 위에 눈, 코, 입을 그렸는데, 눈의 모양을 바꾸고 싶을 수 있죠. 그럴 때 얼굴과 눈코입 레이어를 구분해두지 않았다면 눈을 지웠을 때 노란 얼굴도 같이 지워집니다. 다시 그릴 수도 있겠지만, 작업의 능률이 떨어지죠. 이런 경우를 대비해서 눈코입 레이어를 따로 생성해서 그리는 것이 좋습니다. 눈으로 봤을 때는 이전의 작업물과 차이가 없어 보이지만, 레이어를 구분해두었기 때문에 수정이 훨씬 쉬워집니다. 이러한 이유 때문에 레이어를 꼭 사용해야 합니다. 이모티콘을 제작할 때 레이어 구분은 필수라는 것을 잘 기억해주세요.

정리하자면 레이어는 '층'을 의미하고, 레이어를 사용하는 이유는 깔끔한 작업 결과물과 수정의 용이성 때문입니다.

레이어 지우기와 복제

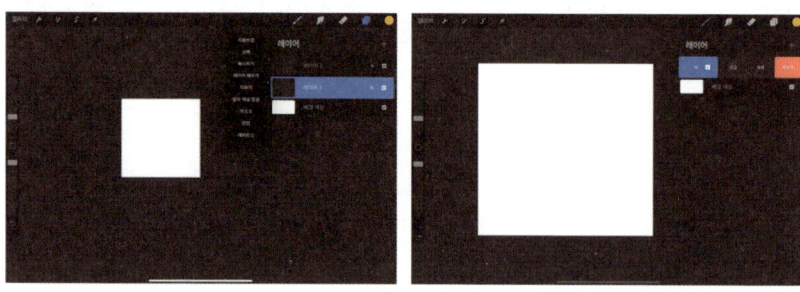

레이어를 만들고 싶을 때는 오른쪽 상단의 + 버튼을 눌러 레이어를 추가해줍니다. 레이어를 지우고 싶을 때는 지우려는 레이어를 오른쪽에서 왼쪽으로 슬라이드하면 나오는 탭에서 '지우기'를 선택해줍니다. 레이어를 복제하고 싶을 때도 복제하고 싶은 레이어를 오른쪽에서 왼쪽으로 슬라이드하면 나오는 탭에서 '복제'를 선택해줍니다. 잠금 기능도 마찬가지예요. 레이어의 썸네일을 선택하면 레이어에서 사용할 수 있는 다양한 기능들이 나옵니다.

레이어 옵션

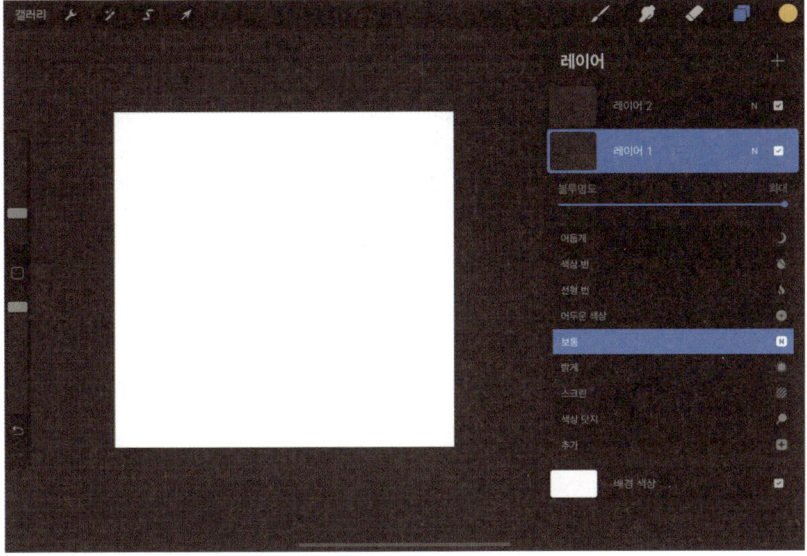

레이어 설정 창에서 N 버튼을 누르면 옵션들이 나옵니다. 이 옵션은 포토샵 레이어 기능의 블렌드 모드에 해당합니다. 블렌드 모드는 2개 이상의 레이어가 있을 때, 사진이나 그림에 필터 효과를 주거나 합성 효과를 주기 위해 주로 사용됩니다. 이모티콘 제작에서 아주 중요한 기능은 아니기 때문에 간략히 알아보겠습니다. 블렌드 모드보다는 블렌드 모드 바로 위에 있는 '불투명도'에 주목해주세요. 불투명도 바를 좌우로 슬라이드하면 해당 레이어의 투명도가 조절되는 것을 확인할 수 있습니다. 투명도를 조절하는 기능은 자주 사용되니까 꼭 기억하세요.

필요한 레이어만 보기

레이어 설정 창에서 N 버튼의 오른쪽에 있는 체크 박스는 레이어를 켜고 끌 수 있는 기능입니다. 조금 더 자세하게 설명해볼게요. 다중의 레이어가 있을 때 특정한 레이어의 체크 박스를 꾹 누르면 해당하는 레이어만 화면에서 볼 수 있습니다. 반대로 모든 레이어를 다 보고 싶으면 체크되어 있는 체크 박스를 다시 꾹 누르면 모든 레이어를 볼 수 있습니다.

배경 레이어

레이어 중 가장 아래에 있는 배경 레이어에 대해 살펴볼게요. 마찬가지로 배경 레이어 또한 체크 박스를 통해 켜고 끌 수 있습니다. 또 배경 레이어의 썸네일을 누르면 배경의 컬러도 변경이 가능합니다. 그리는 대상이 흰색이나 밝은 색상일 때 배경도 흰색이면 대상의 컬러가 보이지 않아 불편하겠죠? 그럴 때는 배경색을 바꾸면 작업이 편해집니다.

색상

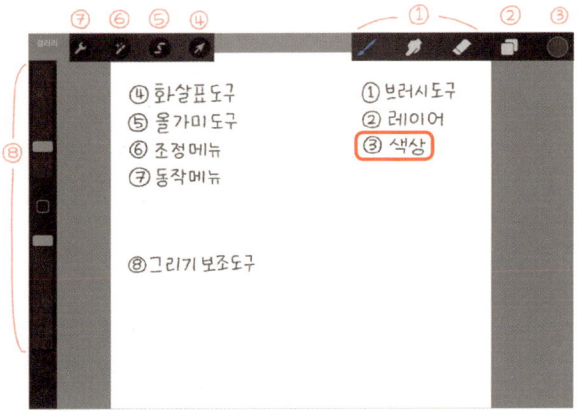

오른쪽 상단 메뉴바의 마지막인 색상을 볼게요. 색상은 디스크, 클래식, 하모니, 값, 팔레트 이렇게 다섯 가지 옵션으로 구성되어있습니다.

디스크

겉 동그라미의 도넛 모양 컬러 바에서는 색상을 선택하고, 안쪽의 동그라미에서는 명도와 채도를 조절할 수 있어요.

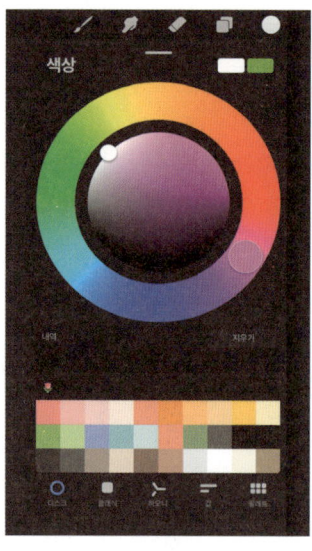

클래식

디스크보다 조금 더 직관적으로 색상을 고를 수 있습니다. 포토샵과 일러스트레이터의 컬러 탭과 유사해서 저는 클래식이 편하더라고요.

하모니

색상의 조합을 볼 수 있는 탭입니다. 보색이나 유사색 관계 등 색상환에서의 조합 관계에 있는 색상을 쉽게 고를 수 있습니다. 왼쪽 상단의 '보색' 버튼을 터치하면 보색 이외에도 보색 분할, 유사, 삼합, 사합 관계에 있는 조합을 확인할 수 있어요.

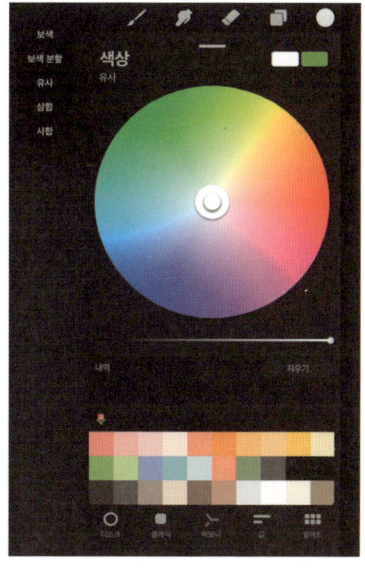

값

특정한 컬러 코드가 필요할 때 사용하면 좋은 탭입니다.

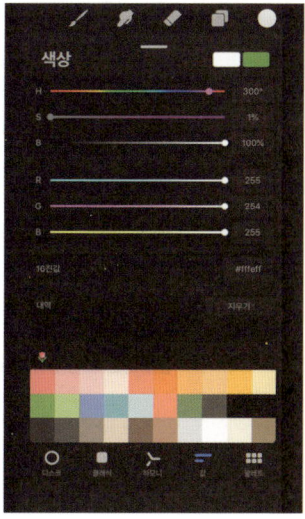

팔레트

원하는 색상을 저장할 수 있는 탭입니다. 상단의 + 버튼을 누르면 새로운 빈 팔레트를 만들 수 있습니다. 새로운 팔레트를 생성하면 다른 탭으로 넘어가도 하단에 새로운 빈 팔레트가 있는 것을 확인할 수 있는데요. 원하는 색상을 빈 곳에 터치하면 색상이 저장되고, 해당 색상을 꾹 누르면 삭제 또는 편집이 가능합니다. 팔레트 세트를 지우고 싶을 때는 지우고 싶은 팔레트를 오른쪽에서 왼쪽으로 슬라이드해서 삭제할 수 있습니다.

POINT 브러시 라이브러리 생성

색상 탭 상단의 회색 바를 끌어놓으면 플로팅이 가능해집니다. 채색 작업을 할 때 켜 놓고 작업하면 정말 편해요. 삭제하고 싶으면 오른쪽 상단의 X 버튼을 누르면 됩니다.

화살표도구

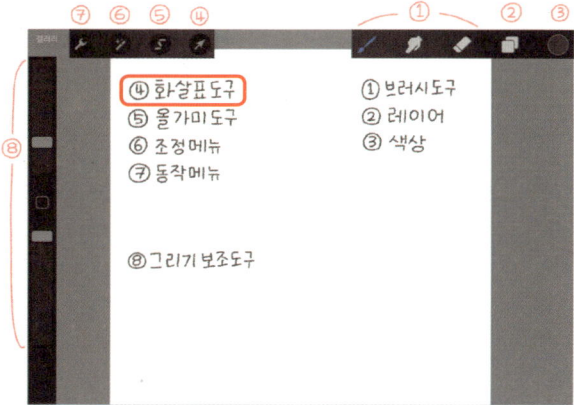

왼쪽 상단의 메뉴바에서 왼쪽부터 네 번째에 위치한 화살표도구를 먼저 볼게요.

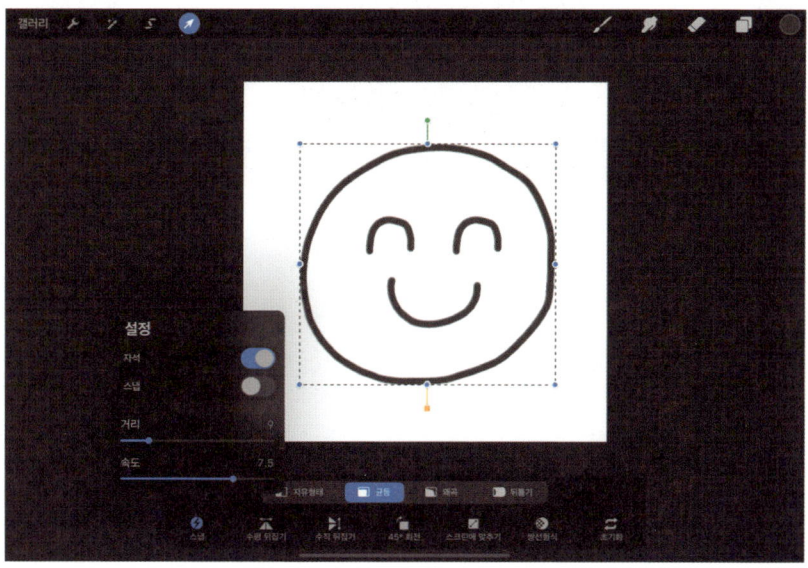

화살표 모양의 버튼(선택도구, 이동도구, 화살표도구 등 다양한 이름이 있어요. 정확한 명칭은 없어서 부르고 싶은 대로 부른답니다)을 누르면 레이어의 그림을 아우르는 네모가 점선으로 생깁니다. 우리는 이 네모가 의미하는 것을 직관적으로 알 수 있어요. 이동, 크기 조절, 회전을 할 수 있는 기능이지요. 개체를 잡고 이동을 하면 개체의 위치를 변경할 수 있어요. 각 모서리를 잡고 커서를 왔다 갔다 하면 크기를 조절할 수 있고, 상단의 연두색 동그라미를 잡고 이동해주면 회전이 된답니다. 크기를 같은 비율로 조절하고 싶을 때는 하단의 [균등] 버튼을 누르면 비율이 유지된 상태에서 크기가 조절됩니다. 하단 [스냅]의 '자석' 기능을 활성화하면 15도 간격으로 크기 조절과 이동이 가능합니다. 단일 레이어가 아닌 두 개 이상의 레이어를 한 번에 이동하거나 크기를 조절하고 싶다면 레이어를 복수 선택해주어야 합니다.

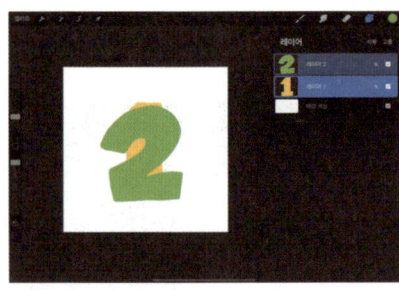 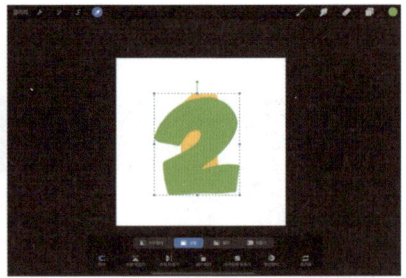

두 개 이상의 레이어를 선택하기 위해서는 레이어 창을 켜서 선택이 안 된 레이어를 왼쪽에서 오른쪽 방향으로 당겨주면 복수 선택이 됩니다. 이렇게 레이어가 복수 선택된 상태에서 이동해주면 된답니다.

화살표도구를 다 사용하고, 다시 브러시 사용 모드로 돌아가고 싶을 때에는 다시 한 번 화살표도구를 눌러주면 됩니다.

올가미도구

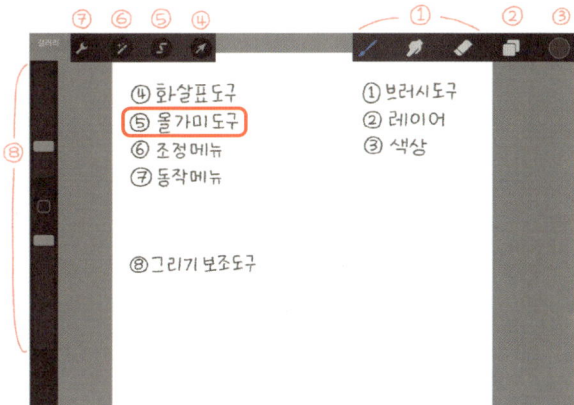

왼쪽 상단의 메뉴바에서 왼쪽부터 세 번째에 위치한 탭이 올가미도구입니다.

프로크리에이트에서 활용하는 모든 기능의 최소 단위는 '선택된 레이어'입니다. 그런데 하나의 레이어 안에서도 '일부만' 이동하거나 크기를 조절하거나 회전하고 싶을 수 있죠. 그럴 때 사용하는 기능이 올가미도구입니다.

> **Tip** 올가미도구를 선택하면 하단에 4가지 옵션, 자동, 올가미, 직사각형, 타원이 있는 걸 확인할 수 있어요. '자동'은 영역을 자동으로 인식하여 선택, '올가미'는 그리는 대로 선택, '직사각형'과 '타원'은 각 모양대로 선택하는 옵션입니다. 저는 이 중에서 올가미 옵션을 가장 편하게 사용하고 있어요.

수정하고 싶은 레이어를 선택한 상태에서 수정하고 싶은 부분을 올가미도구로 선택해줍니다. 선택 영역을 그려준 뒤 화면에 생기는 회색 동그라미를 눌러주면 선택이 완료됩니다. 선택 영역을 제외한 부분에 빗금 처리가 되는데 이 상태에서 올가미도구를 선택하면 이동, 회전, 크기 조절이 가능해집니다. 올가미도구를 해제하고 싶을 때는 다시 한 번 올가미도구를 눌러주면 됩니다.

조정메뉴

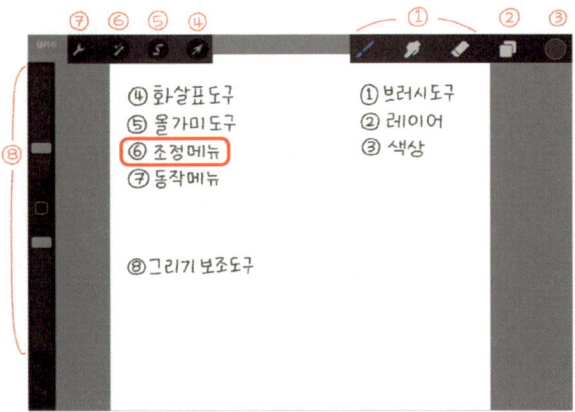

왼쪽 상단의 메뉴바에서 왼쪽부터 두 번째에 위치한 탭이 조정메뉴입니다.

조정메뉴는 선택한 레이어에 보정 효과 등 다양한 효과를 주는 도구입니다. 뒤에서 더 자세히 다뤄볼게요.

동작메뉴

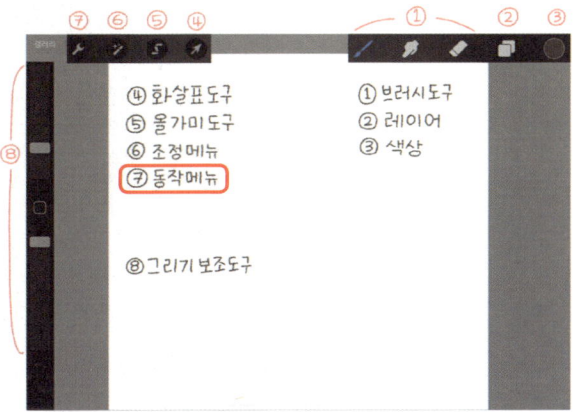

1. 프로크리에이트

왼쪽 상단의 메뉴바에서 왼쪽부터 첫 번째에 위치한 탭이 동작메뉴입니다. 동작메뉴를 누르면 총 6가지의 탭이 나옵니다.

추가 탭

외부에서 프로크리에이트로 무언가를 가져올 때 자주 사용해요. 한글이나 파워포인트의 '열기' 메뉴와 비슷하다고 생각하면 됩니다. 텍스트를 추가하고 싶을 때도 추가 탭에서 찾아볼 수 있어요.

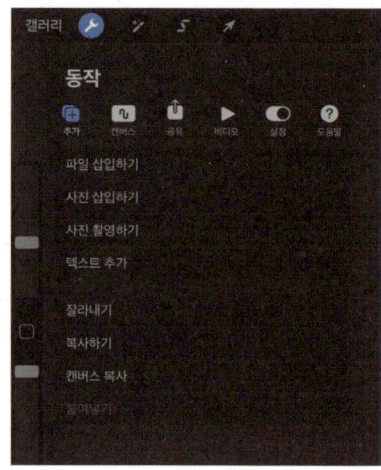

캔버스 탭

캔버스에 대한 총체적인 관리를 해주는 탭입니다. 캔버스의 사이즈를 바꿔주거나, 그림을 그릴 때 필요한 가이드라인을 그려주는 기능 등이 있어요.

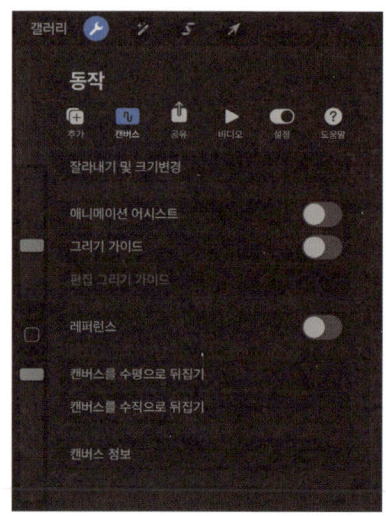

공유 탭

그림을 외부로 내보내는 탭입니다. '다른 이름으로 저장하기'라고 생각하면 쉬울 것 같아요. 포토샵 파일(psd)이나 이미지 파일(png 또는 jpeg), 그리고 움직이는 애니메이션(gif)으로도 저장할 수 있습니다.

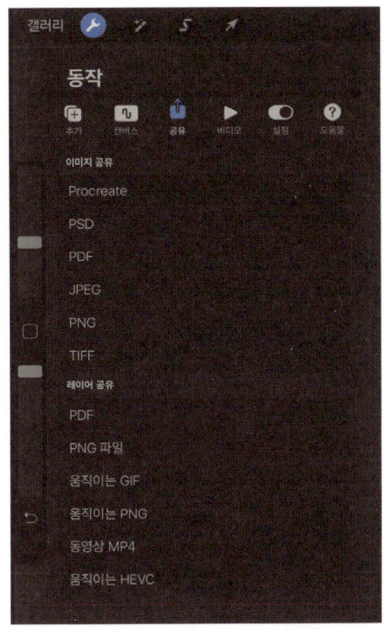

비디오 탭

그림을 그린 전 과정을 볼 수 있는 타임랩스 기능에 관한 탭입니다. 설정을 변경하거나 비디오로 내보내는 기능도 있어요.

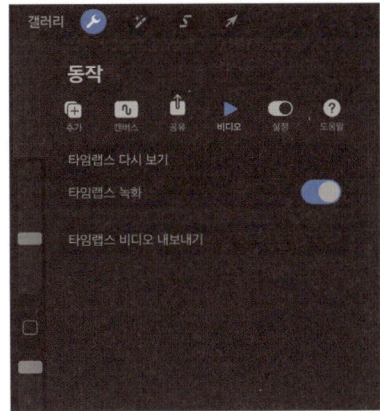

🟠 설정 탭

프로크리에이트의 전반적인 설정을 다루는 탭입니다.

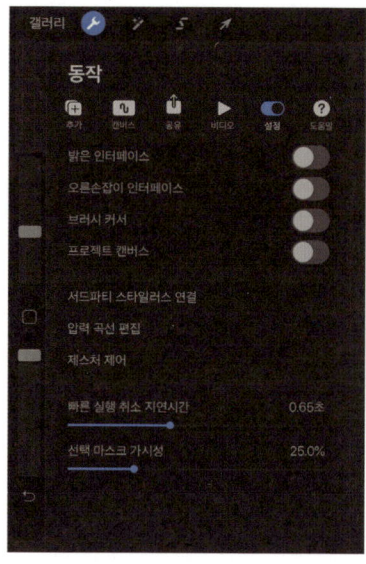

🟠 도움말 탭

말 그대로 도움이 필요할 때 보면 되는 탭입니다.

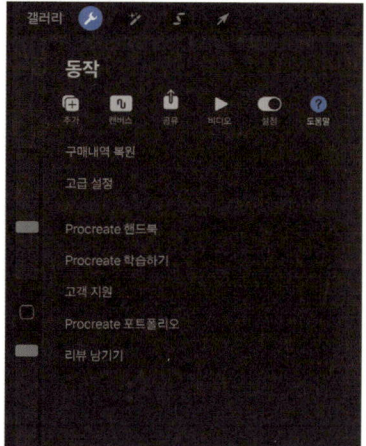

그리기보조도구

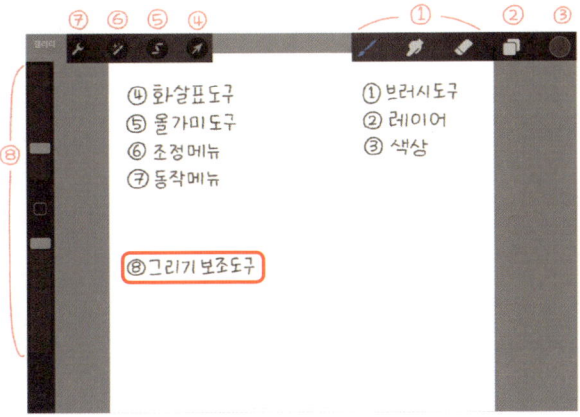

마지막으로 캔버스의 왼쪽에 있는 두 가지 설정이 그리기보조도구입니다. 그림을 그릴 때 보조적으로 사용되는 기능으로 브러시도구를 설명할 때 간략하게 알아봤었죠. 조금 더 자세히 알아봅시다.

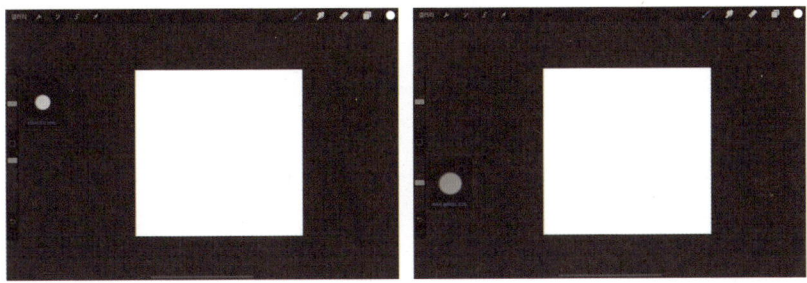

캔버스의 왼쪽에는 두 가지 바가 있습니다. 상단에 있는 바는 브러시의 크기, 하단에 있는 바는 브러시의 불투명도를 조절해줍니다.

가운데 있는 네모는 스포이드 기능입니다. 스포이드 기능을 사용하면 화면상에 있는 컬러를 추출할 수 있습니다. 해당 기능을 누르면 반원 두 개가 합쳐진 동그라미가 생기는데 동그라미의 하단 부분은 이전 색상을 가리키고, 상단 부분은 추출되는 색상을 의미합니다.

전체 화면의 오른쪽 상단에 위치한 동그라미를 꾹 누르면 이전 색상과 현재 색상을 변환할 수 있습니다. 총 두 가지 컬러 값이 저장됩니다.

본격적으로 그림을 그리기 전에 드로잉 관련 기능을 몇 가지 짚고 넘어갈게요.

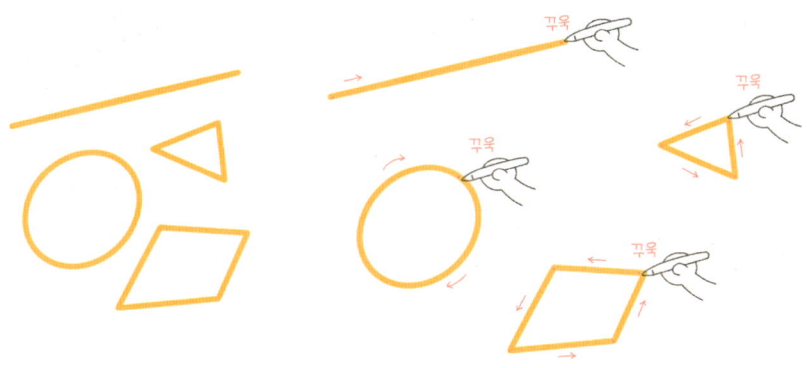

그림을 그리다가 정확한 직선을 그리고 싶을 때가 있어요. 그럴 때에는 선을 그린 상태로, 끝점에서 펜슬을 떼지 않고 기다리면 직선이 됩니다. 이때 상단에 뜨는 [모양 편집]을 누르면 그려진 직선을 편집하는 것도 가능합니다. [모양 편집]은 일회성 편집 장치이기 때문에 편집이 끝나고 다른 곳을 누르면 다시 수정할 수 없습니다.

Tip 이 기능은 신기하고 재미있지만, 실제 이모티콘 작업에서는 사용을 지양하는 편이에요. 이 기능을 사용하면 캐릭터가 다소 경직되어 보일 수 있기 때문입니다. 그래서 힘들긴 하더라도 최대한 똑바른 선, 똑바른 원, 똑바른 네모를 그리기 위해 선 연습을 많이 하는 것이 중요해요.

BONUS 2 페인트 기능

채색을 할 때는 브러시로 일일이 채색할 수도 있어요. 하지만 이 방법은 힘들기도 하고, 잔여 픽셀이 남을 수 있어 이모티콘 작업을 할 때에는 추천하지 않습니다. 제가 사용하는 방법은 그림판이나 포토샵에서 흔히 사용하는 '페인트 통 붓기 기능'이에요. 표면적으로는 찾아볼 수 없는 숨은 기능입니다. 채색할 공간에 색상 메뉴를 끌어놓으면 색이 한 번에 부어집니다.

공간 내에 구멍이 있거나 막힌 개체가 아닌 경우에는 개체 내뿐만 아니라 배경까지 물들어버리겠죠? 또 브러시 자체에 투명도가 있거나 구멍이 있는 브러시를 사용할 경우는 개체의 모양이 막혀 있더라도 미세한 픽셀의 구멍 때문에 페인트 기능이 적용되지 않을 때가 있어요. 그래서 저는 채색할 때 모노라인 브러시와 같은 딱 떨어지는 브러시로 작업합니다.

BONUS 3 손가락 숏컷

이번에는 손가락 숏컷 기능에 대해 알아볼게요.

손가락 두 개로 화면을 터치하면 뒤로 가기 기능이 됩니다.

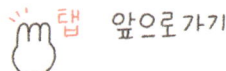

손가락 세 개로 화면을 터치하면 앞으로 가기 기능이 됩니다. 버릇이 되면 나중에는 종이에 대고 터치하고 있는 여러분을 발견하게 될 겁니다.

손가락 한 개를 화면에 꾹 누르면 스포이드 기능을 사용할 수 있습니다. 손가락이 아닌 애플 펜슬로 꾹 누르면 점이 찍힌답니다.

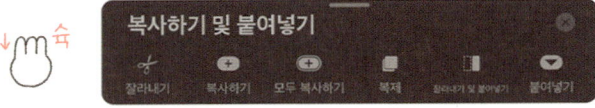

손가락 세 개로 화면을 쓸어내리면 복사하기, 붙여넣기, 잘라내기 기능을 사용할 수 있습니다. 선택되어 있는 레이어에서 복사, 붙여넣기가 되며 잘라집니다.

2. 연습을 해요

배운 내용을 연습해볼까요? 그에 앞서 자주 사용하는 브러시를 소개합니다. 다양한 브러시를 활용해 라인 그리는 연습을 해볼게요. 라인 그리는 연습을 통해 여러분 손에 맞는 브러시를 찾고 스케치 예제를 연습해보세요.

> **Tip** 제가 자주 사용하는 브러시를 소개하겠습니다. 그런데 사실 브러시는 취향을 타는 부분이에요. 제가 추천하는 브러시만 사용하다 보면 새로운 브러시를 경험해보지 못할 수 있습니다. 그러니까 여러분! 저의 추천 브러시도 좋지만, 다른 브러시도 많이 다뤄보면서 여러분의 손에 맞는 브러시를 찾으면 좋겠어요.

스케치용 브러시와 작업용 브러시로 나누어 설명해드릴게요. 제가 요즘 작업하는 스타일의 브러시일 뿐 '꼭 이렇게 작업해야 한다'는 공식은 아니랍니다. 자, 그럼 소개해드리겠습니다!

스케치용 브러시

스케치용 브러시는 종이에 그리는 듯한 아날로그한 느낌의 브러시입니다. 저는 처음 작업할 때부터 딱 떨어지는 브러시를 사용하면 왠지 잘 그려야 할 것 같은 부담감 때문에 막 그리는 게 부담스럽게 느껴지더라고요. 그래서 이런 스케치용 브러시로 먼저 스케치를 슥슥 해준 뒤, 작업용 브러시로 예쁘게 마감하는 편입니다. 스케치용 브러시에는 6B연필과 잉크 번짐 브러시가 대표적이에요.

스케치 - 6B연필
잉크 - 잉크번짐

스케치 - 6B연필

6B연필 브러시는 텍스처의 느낌이 좋아요. 색을 넣어 사용하면 색연필 느낌이 나기도 하고, 펜슬을 눕혀서 그려주면 실제 연필을 눕혀서 그리는 듯한 느낌이 연출됩니다.

잉크 - 잉크 번짐

잉크 번짐 브러시는 부드럽고 빈티지한 느낌이라서 부담 없이 그림을 그리는 데 좋아요.

작업용 브러시

작업용 브러시들은 스케치용 브러시와는 달리 딱 떨어지는 정돈된 느낌의 브러시입니다.

〰️ 서예 - 모노라인
〰️ 서예 - 스크립트
〰️ 잉크 - 드라이잉크

서예 - 모노라인

모노라인 브러시의 가장 큰 특징은 360*360px의 캔버스에서 최소 브러시 굵기인 1pt로 줄였을 때 비교적 굵게 느껴진다는 점입니다. 그렇지만 캔버스를 물리적인 실제 사이즈로 줄였을 때 굵게 느껴지는 굵기는 절대 아니에요. 제 이모티콘 중 '마으미야, 화가많은 거부기씨, 우리는 식빵남매'가 모노라인 1pt로 제작되었는데요. 화면상에서 실제로 적용한 모습을 보면 굵게 느껴지지 않을 거예요.

> **Tip** 확대와 축소가 자유로운 디지털 드로잉을 처음 시작할 때 크기에 대한 감이 잡히지 않아서 어렵게 느껴질 수 있어요. 저도 그랬습니다. 눈에 보이는 종이 사이즈가 그대로 작업물의 사이즈인 아날로그 드로잉에 비해 디지털 드로잉은 아이패드에 보이는 크기와 실제 크기가 다르다 보니 감을 잡는 게 어려웠어요. 그래서 처음 작업할 때에는 굵은 선을 사용하는 게 익숙하지 않아, 굉장히 가는 선을 사용해서 작업하곤 했어요. 그런데 가는 선으로 작업하다 보니 저도 모르게 너무 정교하게 작업하게 되어 이모티콘에 과하게 디테일이 들어가더라고요. 이모티콘의 사이즈는 작으니 그만큼 어느 정도 생략이 필요한데도 말이에요. 그래서 굵은 선으로 작업하는 것을 습관화하고, 다른 브러시를 사용하게 되어도 모노라인 1pt를 기준으로 삼아서 이보다 더 가늘어지지 않도록 작업하고 있답니다.

서예 - 스크립트

스크립트 브러시는 브러시의 Stream Line과 필압을 조정했을 때 모노라인과 거의 비슷해지는 브러시입니다. 다만 모노라인 브러시와는 달리 가는 선으로도 표현이 가능해요. 가는 표현이 필요한 부분이 있을 때 애용하는 편이에요. 모노라인 브러시가 굵게 느껴져서 사용하기 불편하다면 스크립트 브러시를 추천합니다.

잉크 - 드라이잉크

초반 작업에서 자주 사용했던 브러시입니다. 정돈된 느낌보다는 빈티지하고 아날로그한 느낌을 줄 수 있습니다. 텍스처가 있는 편이기 때문에 채색을 했을 때 빈 부분이 보일 수 있어서 깔끔한 작업이 어렵다는 단점이 있지만, 부드러운 매력이 있는 브러시입니다.

실전

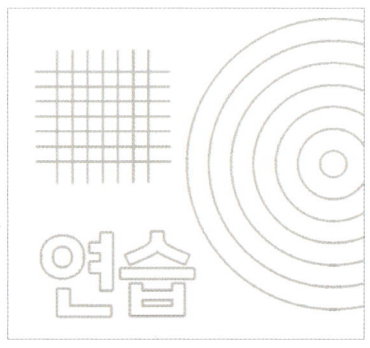

자, 이제 본격적으로 썸네일 예제를 따라해보겠습니다. 이번에는 예제가 필요합니다(예제 파일 QR코드는 128p에 있습니다). 예제 첨부 파일을 다운로드해주

세요. 예제 파일을 아이패드에 저장한 뒤 프로크리에이트에서 열어줍니다.

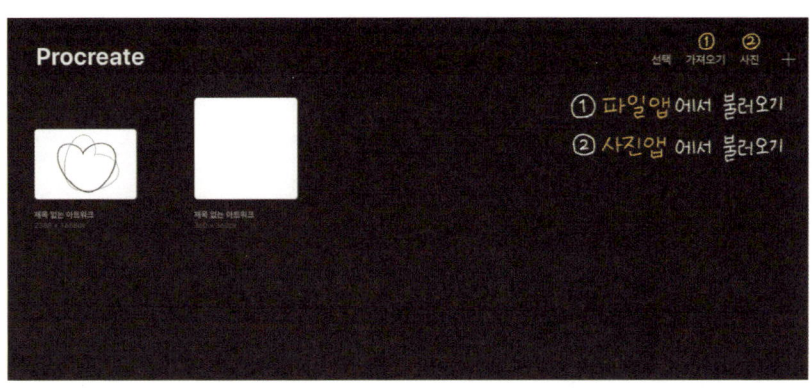

프로크리에이트의 갤러리에서 이미지를 불러오겠습니다. 이미지를 파일 앱에 저장하셨다면 [가져오기] 메뉴에서 이미지를 불러올 수 있습니다. 이미지를 사진 앱에 저장하셨다면 [사진] 메뉴에서 이미지를 불러와주세요. 이미지 사이즈 그대로 이미지가 열립니다. 앞으로 예제를 불러올 때는 이 방법을 사용하면 됩니다.

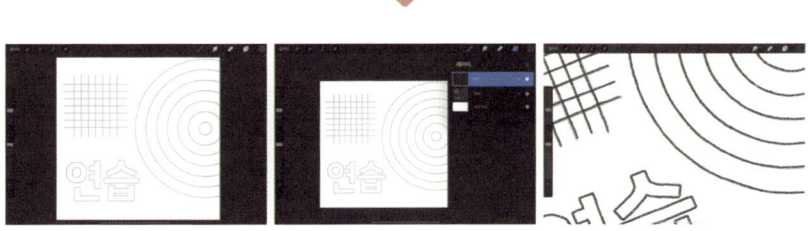

예제 레이어 위에 새로운 빈 레이어를 추가해주세요. 빈 레이어에 라인을 그리는 연습을 할게요. 직선을 그리는 기능을 사용하지 말고 연습해보세요. 처음부터 직선이 완성되는 기능에 익숙해져서 선 그리는 연습을 안 하다 보면, 그림을 자신 있게 그리기가 어려워지더라고요. 처음에는 손이 떨리고 원하는 대로 그림이 그려지지 않을 수 있습니다. 저도 아이패드를 사고 디지털 드로잉이 처음이어서 적응하는 게 어렵더라고요. 제가 준비한 예제를 따라서 그리다 보면 점점 아이패드에 그림을 그리는 게 익숙해질 거예요. 한 붓 그리기로 그리지 않아도 괜찮습니다. 펜을 여러 번 떼서 그리셔도 좋고, 화면을 자유롭게 확대, 축소, 회전하면서 그리면서 연습해보세요! 앞에서 제가 소개해드린 브러시를 활용해도 좋고, 여러분이 원하는 브러시를 활용해도 좋습니다. 브러시도 바꿔보고, 브러시의 설정도 여러분 손에 맞는 대로 바꿔가면서 연습해보세요. 이렇게 연습하다 보면 여러분 손에 맞는 브러시를 찾는 데도 도움이 될 거예요.

> **Tip** 액정에 그리는 느낌이 낯설다면, 종이 필름을 사용하는 것도 좋습니다. 종이 필름을 부착하고 그리면 종이 질감이 살아서 덜 미끄러지고 그림을 그릴 때도 훨씬 좋더라고요. 대신 펜촉이 빨리 닳을 수 있답니다.

한 걸음 더
알면 더 좋은 프로크리에이트 TMI

이모티콘을 제작할 때 직접적으로 필요한 기능들은 아니지만, 알고 있으면 도움이 될 법한 기능들을 정리했어요.

화면 분할

화면 분할 기능은 화면 위에 화면을 둘 이상 띄워 동시에 작업을 할 수 있게 만들어주는 기능입니다. 보통 사진 앱과 프로크리에이트 앱을 동시에 띄워놓고 작업하는 경우가 많으니, 이 경우를 예시로 들어볼게요. 화면 분할 기능을 사용하기 위해서는 띄워줄 앱이 하단의 독(Dock)에 실행되어있어야 해요. 독은 아이패드 하단을 쓸어올리면 뜨는 메뉴창이에요.

독의 바(Bar)를 기준으로 오른쪽에는 최근에 열었던 앱이 떠요. 독에 앱이 없다면 띄워줍니다. 사진 앱을 같이 열고 싶다면 사진 앱이 기록에 남아있어야 독에 뜨기 때문에, 사진 앱을 열었다 닫아줍니다. 다시 프로크리에이트 앱을 실행한 뒤 화면의 하단 부분을 쓸어올리면 반투명한 작은 바가 생깁니다. 그 바를 잡아당기면 독이 쏙 튀어나와요.

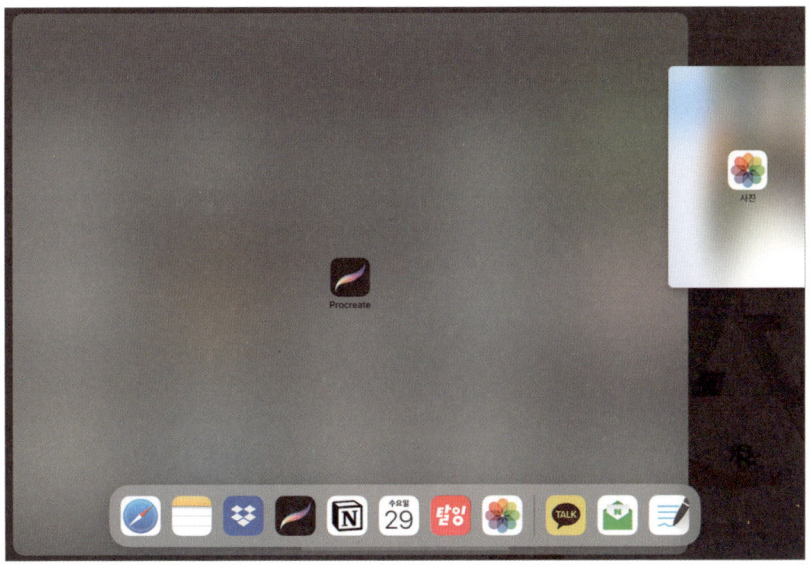

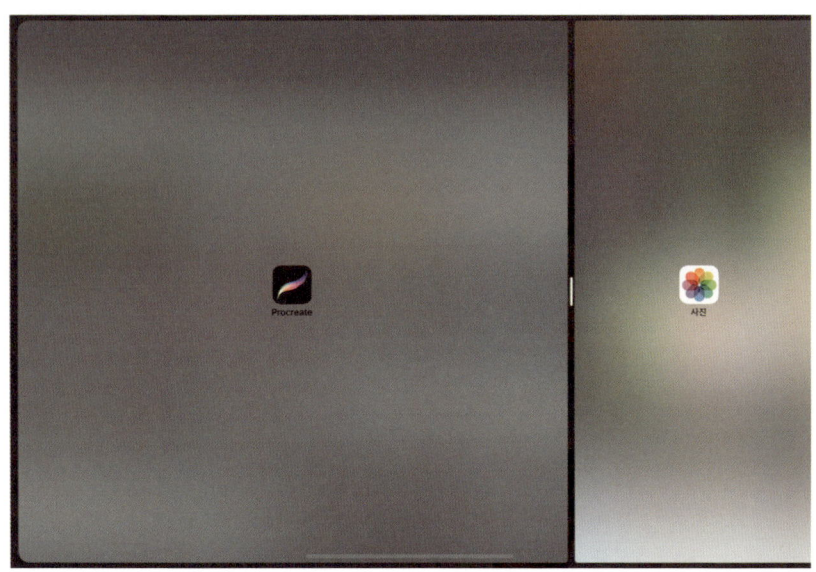

독에 있는 사진 앱 아이콘을 클릭한 상태로 화면의 오른쪽이나 왼쪽으로 끌고 와 원하는 자리에 배정해주면 됩니다. 편한 위치에 두고 작업해주세요. 앱과 앱 사이에 생기는 가운데 바를 잡고 당겨주면 비율도 조절됩니다. 하나의 화면만 보고 싶다면 앱과 앱 사이에 생기는 가운데 바를 누른 상태에서 보지 않을 앱의 화면 쪽으로 쓱 밀어서 없애주세요.

🟡 **그리기 가이드**

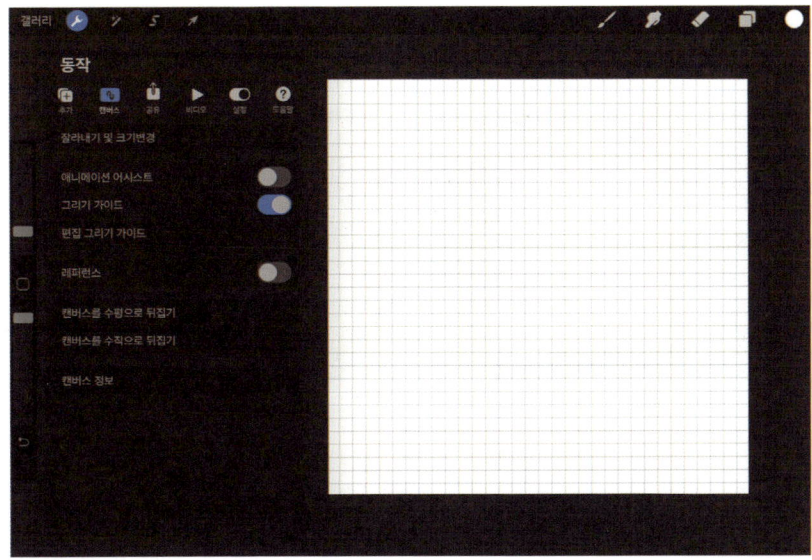

그리기 가이드로 캔버스 위에 가이드라인을 만들어줄 수 있습니다. [동작] - [캔버스] - [그리기 가이드]에서 그리기 가이드를 활성화합니다. 기본으로 나오는 가이드는 바둑판 가이드입니다.

가이드 선을 대고 그리고 싶다면 레이어 썸네일을 눌렀을 때 나오는 창에서 [그리기 도우미]를 누르세요. 활성화된 레이어 하단에 '보조'라는 글씨가 생깁

니다. 이 상태에서는 해당 레이어에 그리는 모든 라인이 그리기 가이드에 붙은 상태로 그려집니다. 기능을 해제하고 싶다면 다시 레이어 썸네일을 눌렀을 때 나오는 창에서 [그리기 도우미]를 눌러줍니다.

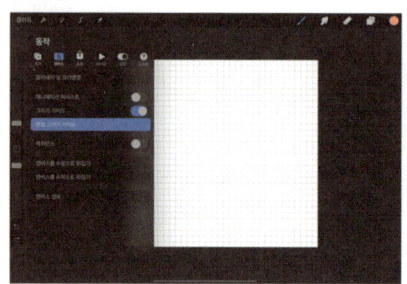 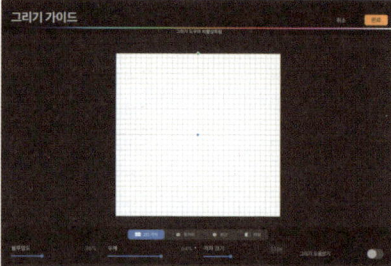

자세한 설정을 할 수도 있습니다. [동작] - [캔버스] - [편집 그리기 가이드]로 가면 바둑판 가이드뿐만 아니라, 가이드 색상과 굵기에 대한 설정 등 다양한 그리기 가이드 옵션을 볼 수 있어요. 해제할 때는 똑같이 [동작] - [캔버스] - [그리기 가이드]로 들어가 해제하면 됩니다.

그라데이션

가끔 그라데이션이 필요한 경우가 있어요. 하지만 프로크리에이트 앱에서 그라데이션을 표현하는 기능은 아직 없는 것으로 보입니다. 그래서 어떻게 표현하면 좋을까 생각하다가 만든 팁입니다. '가우시안 흐림 효과'를 사용해 그라데이션 효과를 만들어줄게요.

빈 캔버스에 두 가지 이상의 색상을 채워주세요. 이때 레이어는 분리하지 않습니다. 색상을 채웠다면 [조정] - [가우시안 흐림 효과]를 선택한 뒤, 화면을 슬라이드하며 흐림 효과의 정도를 조정하세요.

다양한 형태의 그라데이션을 만들어보세요. 원형으로 그라데이션을 만들 수도 있답니다.

1. 프로크리에이트

스택

캔버스가 너무 많아서 정리하고 싶을 때 사용하는 방법입니다. 갤러리(프로크리에이트의 첫 화면)에서 캔버스를 꾹 눌러 묶고 싶은 다른 캔버스로 얹어주세요. 그림 '스택'이라는 그룹으로 묶이게 됩니다. 단일 캔버스를 스택 안에 넣고 싶을 때는 넣고 싶은 캔버스를 꾹 누른 후 해당 스택 위로 끌어주세요. 그럼 스택 안으로 캔버스가 들어갑니다. 스택 안에 또 다른 스택을 만드는 기능은 아직 없습니다. 캔버스를 스택 안에서 스택 밖으로 다시 이동시키고 싶다면 해당 캔버스를 누른 상태에서 왼쪽 상단의 '스택(또는 스택의 이름)'에 가져가면 외부 갤러리로 나옵니다. 원하는 위치에 정리해주세요.

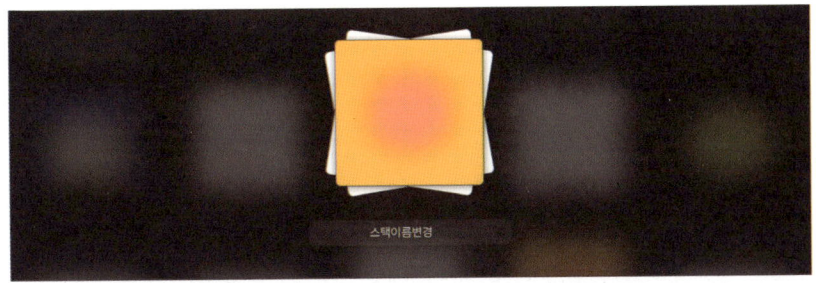

이때 스택의 이름은 갤러리 화면에서 '스택' 글자를 터치하면 수정할 수 있습니다.

백업

프로크리에이트는 데이터가 앱 내에 저장되거나 자체 백업 서비스를 제공하는 앱이 아닙니다. 앱을 재설치하는 경우 작업한 프로젝트가 모두 사라집

니다. 그래서 작업물을 다른 컴퓨터나 앱에 수시로 백업하는 습관이 정말 중요해요. 백업은 어렵지 않습니다. 저장하고 싶은 작업물의 원본을 유지하며 원하는 매체로 공유하는 과정이라고 생각하면 됩니다. 한 번에 여러 자료를 백업하는 방법을 알려드릴게요.

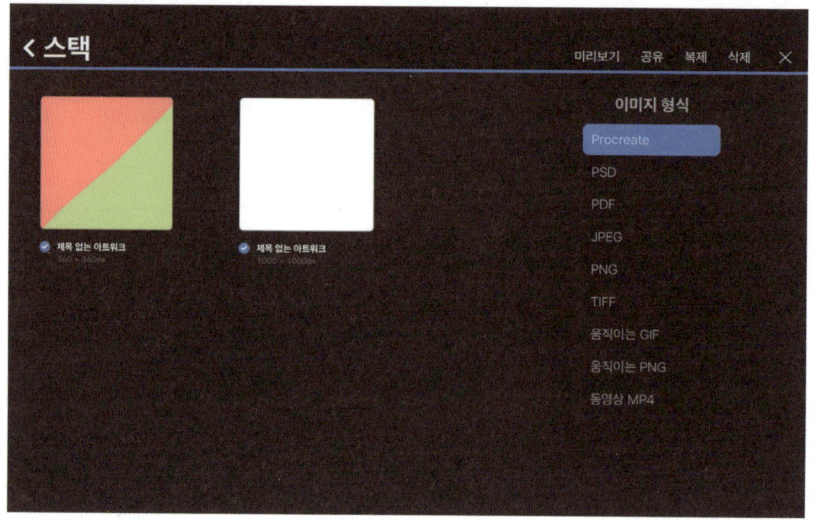

갤러리에서 오른쪽 상단의 [선택]을 눌러 백업하고 싶은 파일을 다중 선택해주세요. 그리고 오른쪽 상단의 [공유]를 눌러 저장하고 싶은 파일의 포맷을 정해줍니다. procreate 포맷은 레이어와 타임랩스의 데이터가 모두 있는 파일이고, psd 포맷은 포토샵 파일이기 때문에 레이어의 데이터만 저장되는 포맷입니다. 둘 중 원하는 포맷으로 선택하고 공유하면 됩니다.

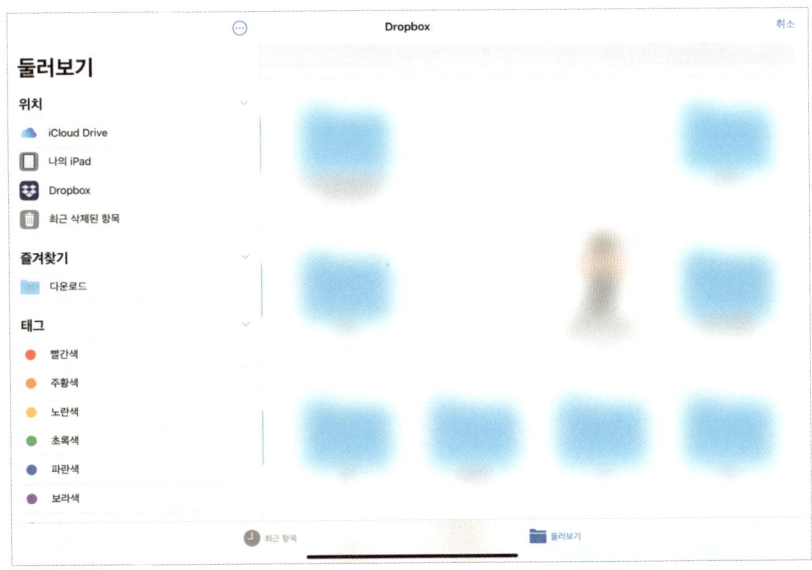

[파일에 저장]으로 내보내기하면 아이클라우드에 저장됩니다. 사용하는 클라우드 앱이 있다면 클라우드 앱으로, 카카오톡 앱을 통해 PC에서 받고 싶다면 카카오톡을 사용하면 됩니다. 저는 PC와 연동되는 Dropbox라는 앱을 사용하고 있어서 이곳에 백업을 해볼게요. 저장하고 싶은 폴더를 만들어 업로드해주면 저장됩니다.

Tip 백업 파일을 다시 불러올 때는 갤러리 오른쪽 상단의 [가져오기] 메뉴를 이용해서 파일을 불러올 수 있습니다. 포맷한 파일을 눌러주면 클라우드 앱에서 프로크리에이트로 그대로 불러올 수 있습니다. 다음 단원에서는 PC의 포토샵을 사용해 프로크리에이트 기능과 비교해볼게요.

STEP 2 포토샵

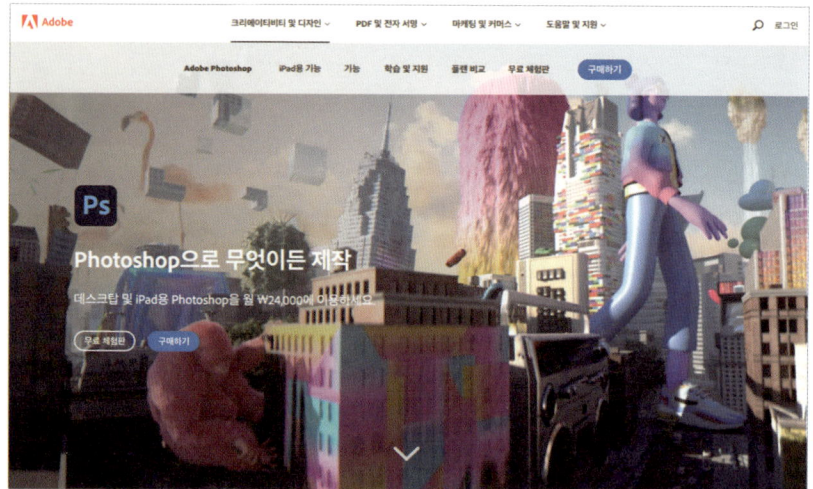

어도비코리아 공식 홈페이지에서 포토샵을 다운받습니다. 포토샵은 이미지를 보정하기 좋은 프로그램입니다. 프로크리에이트에서 만든 그림을 어떻게 편집하는지 알아봅시다. 프로크리에이트에서도 가능한 부분이지만 같은 기능이 포토샵에서는 어떻게 구현되는지 비교한다고 생각하면 됩니다.

> **Tip** 아이패드의 포토샵 앱에서는 아직 충분한 기능이 제공되지 않아 PC의 Adobe Photoshop을 사용합니다. 포토샵은 CS6 extended 이상의 버전을 사용해주세요. 강의에서 사용한 버전은 CC2021 버전입니다.

Q 포토샵이 너무 어려워서 시작하기 무서워요.

A 포토샵을 어려워하는 분이 많을 것으로 생각되어요. 포토샵이 처음이라면 '모든 것을 다 알고 넘어가야겠다'라는 마음보다는, '일단 이것을 수행하기 위한 과정을 기억하자'라는 마음으로 시작하기를 추천드립니다. 우선은 '포토샵에 어떤 기능이 있더라'는 것만 기억하고, 작업을 하면서 필요한 기능이 생길 때 다시 와서 읽어보며 따라해보세요. 그 과정을 몇 차례 반복하다보면 자연스레 익혀질 거예요. 저도 이런 방법으로 새로운 프로그램을 공부하고 있어요. 아, 고백하자면 저도 포토샵을 10년 넘게 사용해왔지만 아직도 모르는 기능이 많답니다! 다시 말해 포토샵은 쓰는 기능만 활용해도 충분한 툴이라는 거예요.

1. 기본 구성을 알아봐요

캔버스

CC 이상 버전의 포토샵은 이런 화면이 나와요. 왼쪽에 있는 [새로 만들기]는 빈 캔버스를 만들 수 있는 기능입니다. [열기]는 이미지 파일이나 포토샵 파일 등을 가져와 작업해줄 수 있는 기능이에요.

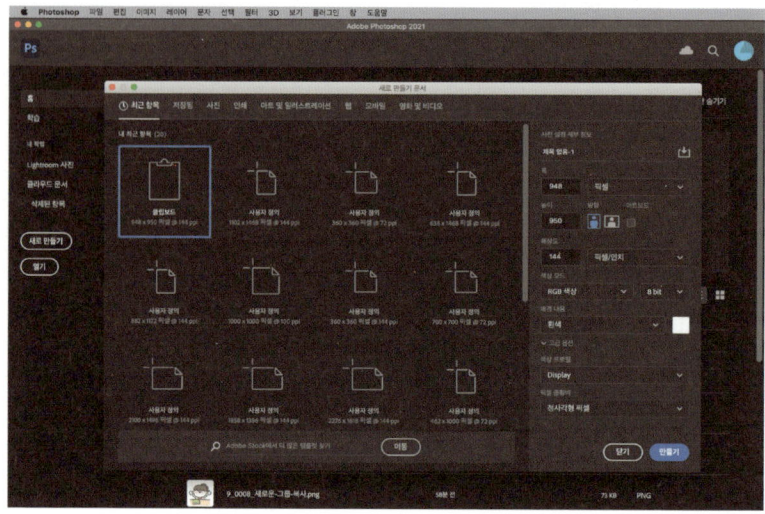

[새로 만들기]를 누르면 이런 창이 떠요. 프로크리에이트와 똑같은데 더 디테일한 옵션이 있다고 생각하면 됩니다. 어려울 것 없어요. 값을 입력하고 하단의 [제작]을 누르면 빈 종이를 만들 수 있습니다.

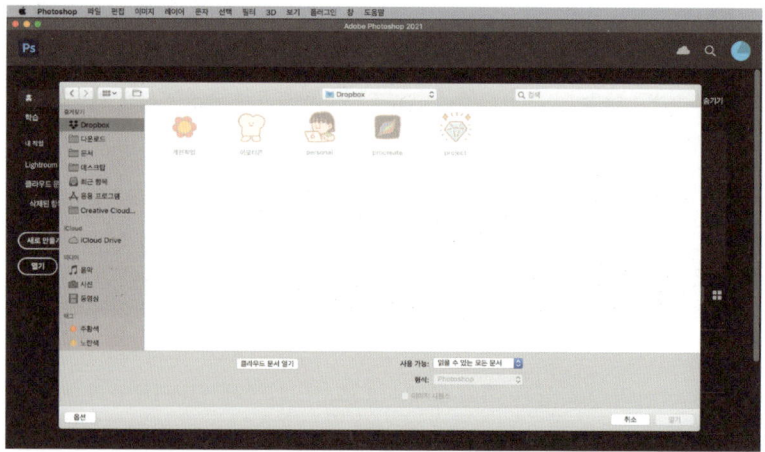

[열기]는 이미지 파일이나 포토샵 파일을 불러올 수 있어서, 이렇게 불러오는 경로가 뜹니다.

패널

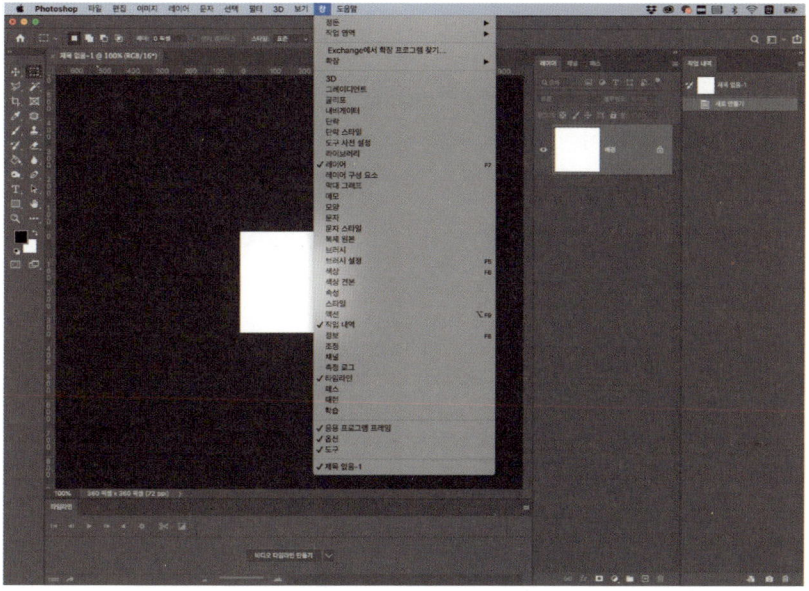

포토샵을 열었을 때 보이는 창이 저와 다를 수 있어요. 포토샵은 기능이 무궁무진하고 툴도 너무 많아서 언뜻 어려워 보이지만, 쓰는 기능이 아주 많지는 않아서 어렵지 않게 다룰 수 있어요! 우리는 이모티콘을 편집할 때 사용하는 툴만 열어볼게요. 상단의 [창(윈도우/Window)]에서 레이어(Layer), 작업 내역(History), 타임라인(Timeline), 옵션(Option), 도구(Tool) 패널을 꺼내줍니다. 윈도우 메뉴를 눌렀을 때 해당하는 패널이 V로 체크되어 있다면 이미 화면에 있다는 뜻이에요. 체크가 되지 않은 친구들만 열어줍니다. 연 패널은 상단의 바를 끌어다 오른쪽 구석에 끼워 넣으면 조립되듯 쏙 들어갑니다.

> **Tip** 포토샵에서 둥둥 떠다니는 옵션 창들을 '패널'이라고 부릅니다. 모든 패널은 상단의 [창(윈도우/Window)] 메뉴에서 꺼내고 닫을 수 있습니다.

레이어(Layer)

레이어 패널은 프로크리에이트에서 봤던 거랑 비슷하게 생겼죠. 프로크리에이트의 레이어 개념과 똑같습니다. 각 레이어는 층을 의미하고, 레이어 패널에서는 레이어들을 관리해줍니다.

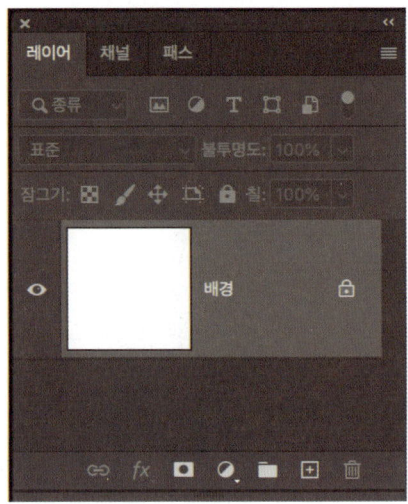

작업 내역(History)

작업 내역 패널의 기능은 말 그대로 작업한 내역을 기록해주는 패널입니다. CC2018 이하 버전에서는 실행취소(Ctrl + Z)기능이 '뒤로 갔다 앞으로 돌아오는 기능'이었기 때문에 작업 내역 패널이 필수였는데, 이제는 뒤로 가는 기능으

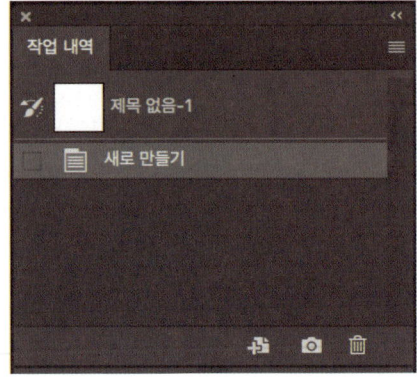

로 변경되었기 때문에 더 이상 꺼내놓고 사용하지 않아요. 만약, 사용하는 포토샵의 버전이 CC2018 하위 버전이라면 꺼내놓고 사용하면 되지만, CC2018 상위 버전이라면 사용할 필요가 없습니다.

타임라인(Timeline)

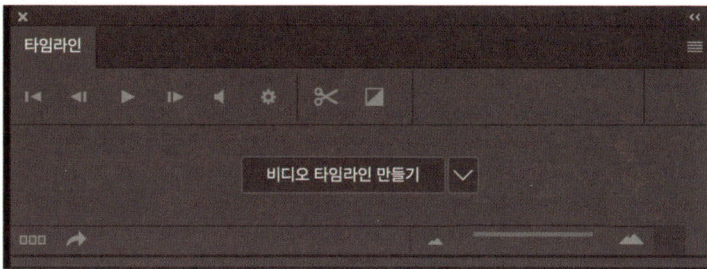

프로크리에이트에서의 애니메이션 어시스트 기능과 유사한 기능입니다.

옵션(Option)

그때그때 필요한 기능을 보여주며 작업을 돕는 기능입니다. 보통 화면의 상단에 붙어있어요. (일반적으로 한 줄로 구성되는데 보기 좋게 분리해놨습니다. 편의에 따라 여러 줄로 구성할 수도 있답니다.)

> 도구(Tool)

포토샵에서 필요한 도구 모음 패널입니다. 보통 포토샵 화면의 왼쪽에 붙어있습니다.

2. 연습을 해요

프로크리에이트에서 지원하지 않아 아직은 포토샵에서만 할 수 있는 기능들이 있습니다. 이모티콘을 제작할 때 자주 쓰이는 기능인 '텍스트에 라인 넣기, 이미지 리사이징, 단축키 만들기' 기능을 소개합니다. 카카오에 제안할 때는 굳이 포토샵을 사용할 필요가 없지만, 이 기능들을 활용해야 한다면 포토샵을 거쳐야 하겠죠. 여러분이 이모티콘을 제작할 때 필요하다면 사용하고, 내 이모티콘에는 안 써도 되겠다고 생각한다면 넘어가도 되는 부분이에요.

> **Tip** 마찬가지로 PC에서 Adobe Photoshop을 사용합니다. 포토샵은 CS6 extended 이상의 버전을 사용해주세요. 제가 사용한 버전은 CC2021 버전입니다. 현재 아이패드용 포토샵은 소개하고자 하는 기능이 지원되지 않고 있어요. 아이패드 포토샵이 아닌, PC 포토샵을 사용해야 한다는 점, 꼭 체크해주세요!

텍스트에 라인 넣기

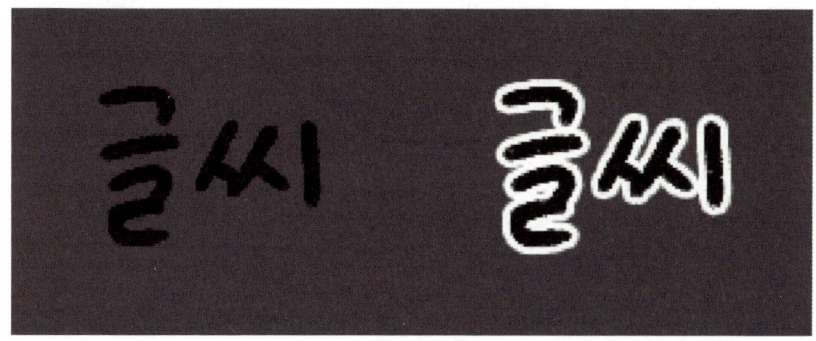

위의 그림처럼 글씨에 흰색 테두리를 넣고 싶다면 포토샵을 사용해야 합니다. 이모티콘의 텍스트에 흰 라인을 넣는 게 필수인 플랫폼이 있고, 필수가 아닌 플랫폼이 있어요. 플랫폼별로 특징이 상이하기 때문에 가이드를 읽어보고 필요하다면 사용해주면 되는 기능입니다. 필수가 아니더라도 넣고 싶다면 넣어도 됩니다. 텍스트에 라인을 넣기 위해서는 텍스트 레이어가 따로 분리되어 있어야 합니다. 만약 텍스트가 라인 레이어 등과 합쳐져 있다면 분리해주세요.

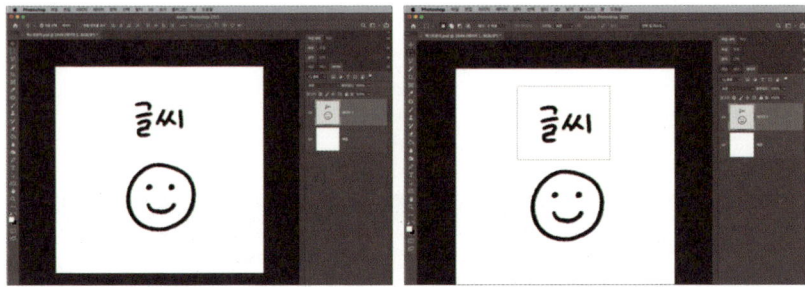

분리하고 싶은 레이어를 선택하고 선택도구로 텍스트 부분만 선택하세요. 글씨 레이어가 원래 분리된 상태라면, 이 과정을 생략해도 됩니다.

해당 부분을 잘라내기(Ctrl + X) 후 그 자리에 붙여넣기(Ctrl + Shift + V)하면 텍스트 레이어만 그대로 분리되어 붙습니다.

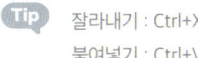 잘라내기 : Ctrl+X
붙여넣기 : Ctrl+V
그 자리에 붙여넣기: Ctrl + Shift + V

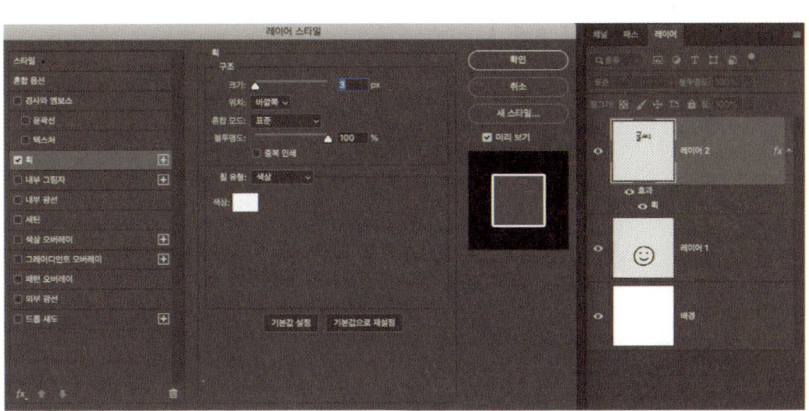

텍스트 레이어를 분리했다면 텍스트 레이어에 라인을 넣어볼게요. 텍스트 레이어의 빈 공간을 더블 클릭하면 [레이어 스타일] 창이 뜹니다. [레이어 스타일]에서는 해당하는 레이어에 효과를 넣어줄 수 있습니다. 그렇기 때문에 텍스트 레이어가 따로 분리되어야 했던 거예요. [레이어 스타일]에서 [획]으로 들어가 볼게요. 체크 박스만 체크할 경우에는 기능만 적용이 되고 세부 설정을 할 수 없어요. 세부 설정을 위해 [획] 옆의 빈 공간을 눌러서 옵션 창으로 들어갈게요. 여기서 크기와 색상을 바꿔주면 됩니다. 오른쪽의 미리보기를 켠 상태에서 효과를 적용하면 캔버스에서 효과가 적용된 모습을 볼 수 있습니다. 효과를 적용해서 확인한 후, 마음에 든다면 오른쪽의 '확인' 버튼을 눌러서 적용하세요.

효과가 적용된 레이어에는 'fx'라는 표시가 뜹니다. 다시 말해 'fx'라는 표시가 있으면 레이어 스타일 효과가 적용되어있다는 뜻입니다. 모든 프레임에 텍스트 레이어가 있고, 모든 텍스트 레이어에 효과를 적용하고 싶을 때는 어떻게 해야 할까요? 안타깝게도 레이어 스타일을 일괄 적용하는 기능은 없습니다. 그래서 일일이 레이어별로 효과를 적용해줘야 합니다.

이미지 리사이징

그림 작업은 1000*1000px로 했는데, 이모티콘을 제안하려고 보니 제안할 수 있는 사이즈가 다르다면 이미지의 크기를 바꿔주는 작업인 리사이징을 해야 합니다. 프로크리에이트에서 크기 조절을 하는 순간, 그림의 해상도가 걷잡을 수 없이 와장창 깨집니다. 리사이징은 포토샵을 사용해야 이미지 손상이 덜해요. 또 리사이징을 염두하고 그림을 그릴 때 작게 그려놓고 크게 리사이징하는 것보다, 크게 작업하고 줄이는 편이 이미지 손상이 덜하답니다!

> 같은 비율 리사이징

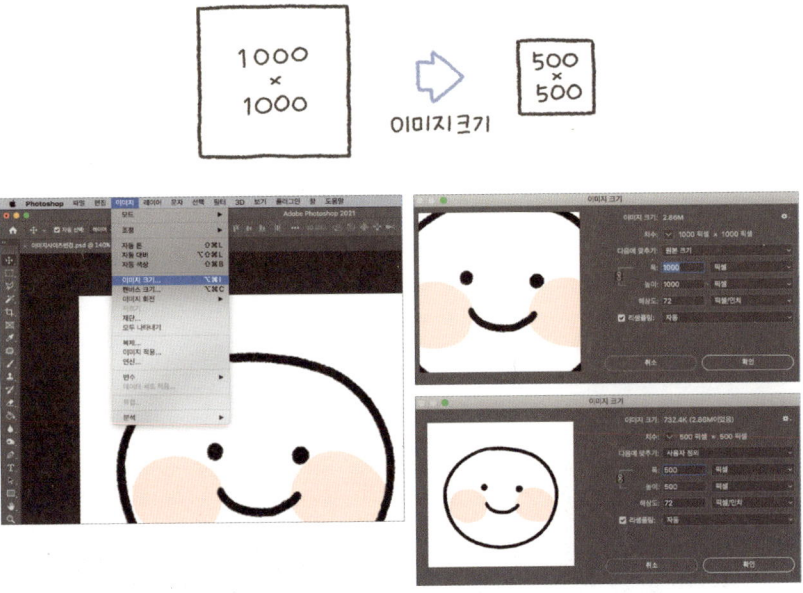

먼저 같은 비율로 리사이징하는 방법입니다. 예를 들어, 그림을 1000*1000px로 그렸는데 500*500px로 바꿔야 하는 경우입니다. 리사이징할 파일을 열어주세요. [이미지(Image)] - [이미지 크기(Image Size)]로 들어갑니다. 폭과 넓이에 바꾸고 싶은 사이즈를 적어서 조정하고 [확인]을 누르면 적용됩니다.

> **다른 비율 리사이징**

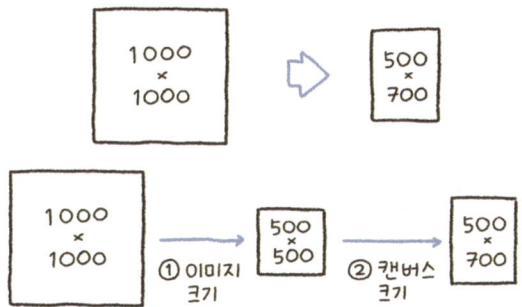

다른 비율로 사이즈를 바꿔야 할 때도 있어요. 예를 들어, 그림을 1000*1000 px로 그렸는데 500*700px로 바꿔야 하는 경우입니다. 이 경우 한번에 리사이징을 하면 비율이 망가질 수 있어서 [이미지 크기]에서 전체 사이즈를 정사이즈로 줄여준 뒤, [캔버스 크기]에서 비율을 바꿔줄 거예요.

우선 [이미지(Image)] - [이미지 크기(Image Size)]에서 정사이즈로 조정해줍니다.

[이미지 크기]는 그림과 캔버스의 크기가 동시에 리사이징되기 때문에 크기를 정사이즈로 조절할 때만 사용합니다.

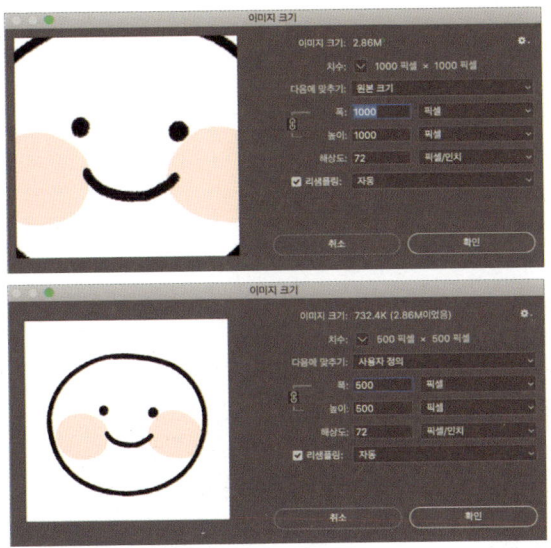

1000*1000px에서 500*500px로 먼저 줄여줍니다.

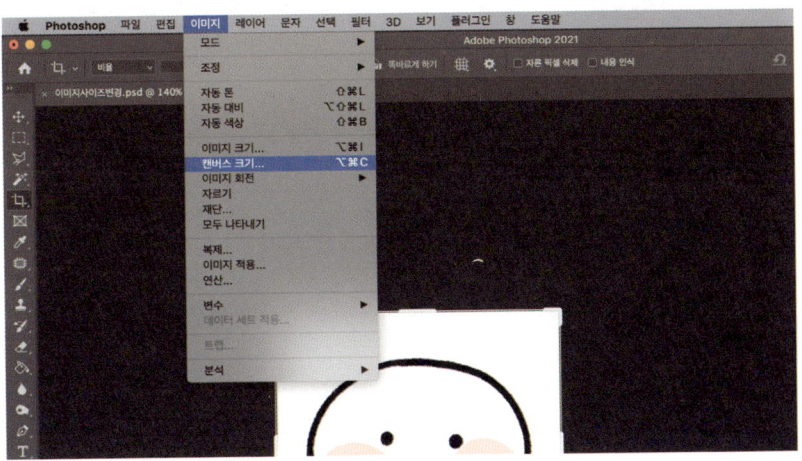

2. 포토샵

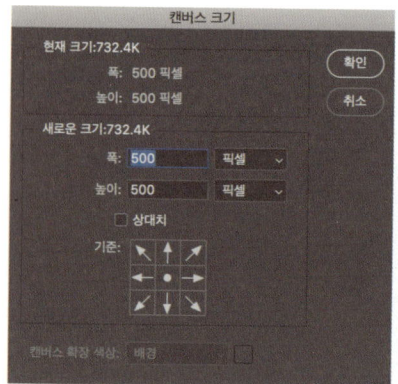 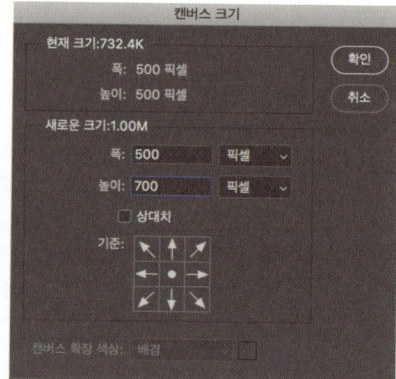

그리고 [이미지(Image)] - [캔버스 크기(Canvas Size)]에서 비율을 조정합니다. 단위가 '픽셀'이 아닌 다른 단위로 설정되어있다면 픽셀 단위로 바꾸어준 뒤 조정하면 됩니다. [캔버스 크기]는 그림의 비율과는 무관하게 캔버스만 사이즈가 조절됩니다. [이미지 크기]에서 500*500px 캔버스를 500*700px로 바꾸어 조정해주면 됩니다.

단축키 만들기

단축키를 사용하면 빠르게 작업을 할 수 있어서 작업의 속도가 달라집니다. 기본적으로 설정되어 있는 단축키도 있지만 포토샵에서는 원하는 단축키를 커스터마이징할 수도 있어요. 이모티콘을 제작하다 보면 있을 법한데 없어서 불편한 기능이 있습니다. 바로 다음의 기능들입니다.

> **Tip** 이 기능은 필수가 아닙니다. 다만 단축키 사용이 익숙하다면 해보는 걸 추천드려요!

타임라인에서 새 프레임 추가

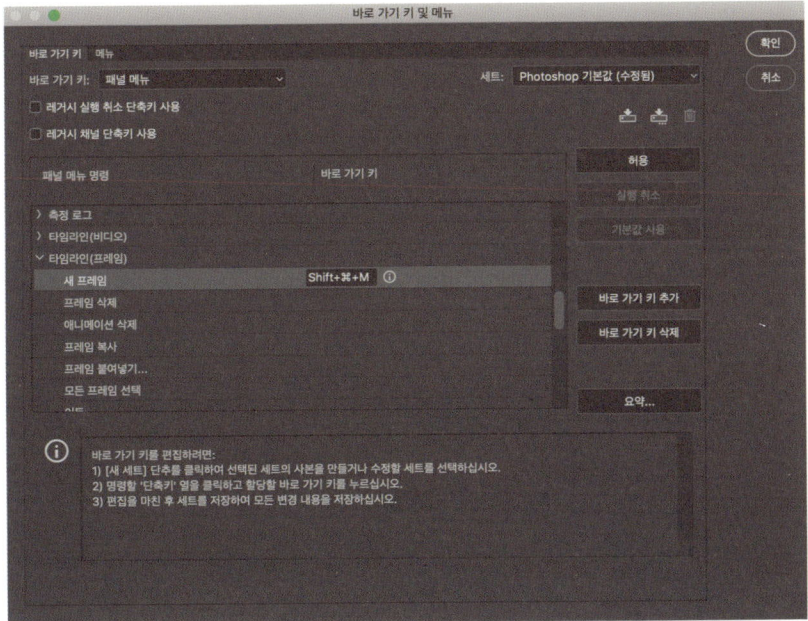

[편집] - [바로 가기 키 및 메뉴]에서 단축키를 지정합니다. 상단의 '바로 가기 키'에서 스크롤을 내려 '패널 메뉴'를 선택해줄게요. 타임라인은 패널이기 때문

에 여기서 선택하면 됩니다. 그리고 하단에서 스크롤을 내려 '타임라인(프레임)'을 찾아주세요. 그리고 '새 프레임'이라는 옵션을 선택하세요. 그럼 오른쪽에 빈 공간이 생기는데, 그 공간에 새로 지정해줄 단축키를 입력하면 됩니다. 다른 단축키와 겹치지 않으면서 기억에 잘 남을 만한 단축키로 지정해주면 됩니다. 저는 Ctrl + Shift + M으로 지정했습니다. 단축키를 지정하고 오른쪽 상단의 [확인]을 누르면 적용됩니다. 지정한 단축키는 실시간으로 적용됩니다.

> 타임라인에서 다음/이전 프레임으로 이동

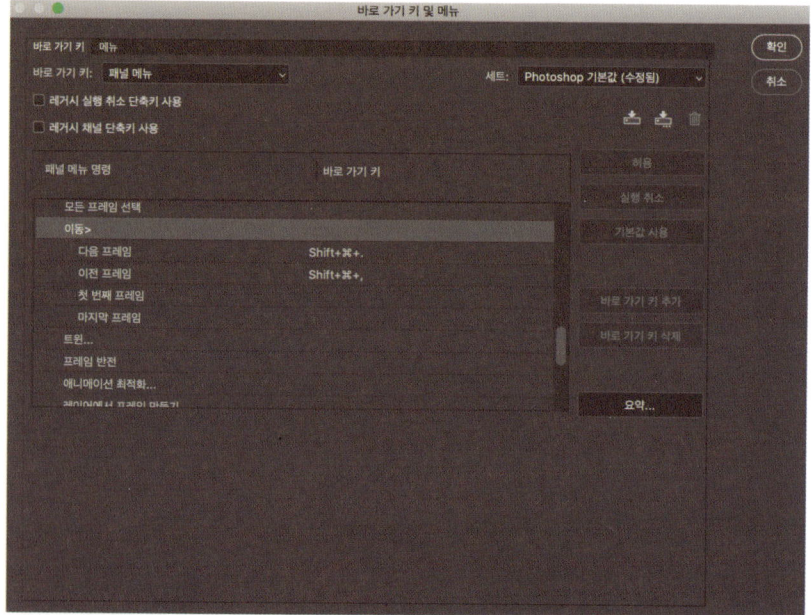

똑같이 [편집] - [바로 가기 키 및 메뉴]에서 단축키를 지정해볼게요. 방금 전에 작업한 이력이 있어서 옵션은 그대로 남아있습니다. '타임라인(프레임)' 메뉴에서 '다음 프레임'과 '이전 프레임'에 새로 지정할 단축키를 입력하겠습니다.

각각 Ctrl + Shift + >, Ctrl + Shift + <로 지정해주었어요. >는 '다음'이 떠오르고, <는 '이전'이 연상되니까요. 단축키를 지정해준 뒤 오른쪽 상단의 [확인]을 누르면 적용됩니다. 지정한 단축키는 실시간으로 적용됩니다.

> **Tip** 단축키는 이렇게 커스터마이징할 수 있어요. 제가 사용한 단축키 말고 다른 알파벳이나 기호가 편하다면 다른 조합으로 단축키를 만드셔도 괜찮습니다.

POINT 자주 쓰는 단축키

포토샵에서 자주 사용하는 단축키를 소개할게요.

레이어 병합 : Ctrl(맥은 Command) + E
'레이어별로 내보내기' 기능을 사용할 때 유용한 단축키입니다. 병합하고 싶은 그룹 또는 레이어 복수 선택 후 레이어가 켜져 있는 상태에서 사용하면 됩니다.

레이어 복제 : Ctrl(맥은 Command) + J
레이어를 그대로 복제하고 싶을 때 사용하는 단축키입니다. 복제하고 싶은 레이어를 선택하고 사용하면 됩니다.

변형 : Ctrl(맥은 Command) + T
레이어의 크기를 변형하고 싶을 때 사용하는 단축키입니다. 프로크리에이트의 화살표도구와 같은 기능입니다. 크기를 조절하고 싶거나, 회전을 하고 싶은 레이어를 선택하고 사용하면 됩니다.

PART 1
기획하기

아이디어를 구체화하고 나만의 개성 넘치는 캐릭터를 만드는 법에 대해 배웁니다.

만들었던 이모티콘들의 제작 과정을 소개합니다. 이 과정은 하나의 방식일 뿐, '꼭 이 순서대로 이렇게 해야 합니다!'와 같은 정답은 아닙니다. 가장 좋은 방법은 여러분이 작업 과정을 눈으로, 손으로 따라 해보면서 자신에게 가장 편한 과정을 체화하는 것입니다.

기획 2단계

아이디어 구체화하기   캐릭터 만들기

STEP 1
아이디어 구체화하기

1. 이렇게 이모티콘을 기획했어요

가장 먼저 해야 할 일은 머릿속에 있는 아이디어를 꺼내놓고 차곡차곡 정리하는 일입니다. 아이디어를 떠올릴 수 있는 방법은 여러 가지가 있어요. 보통 기획 단계에서 어떤 플랫폼에 이모티콘을 제안할 것인지 염두에 두고 작업합니다. 저는 플랫폼별로 다른 작전을 세워 기획하고 제안하는 편입니다. 좋은 아이디어는 책상에 앉아서 생각할 때보다 일상생활에서 많이 떠오릅니다. 메모 앱과 노트를 활용해 평소에 떠오르는 아이디어를 적어둡니다. 인터넷 서핑을 하다가도, 선잠을 자다가도, 떠오른 생각을 적어두지 않으면 '아 그때 분명 좋은 생각이 있었는데!'라고 아쉬워하며 금방 잊어버리게 되더라고요. 잠결에 떠오른 아이디어를 곱씹다가 벌떡 일어나 메모한 것이 이모티콘으로 발전하기도 했습니다. 이모티콘을 기획한 전체적인 맥락을 살펴보며 아이디어를 얻는 방법과 기획 레퍼토리를 이야기해보겠습니다.

웃음을 잃지 않는 거북목사원 거부기씨 (카카오 이모티콘)

'거부기씨'는 첫 직장 생활을 할 때 만들어진 캐릭터입니다. 회사에서 일하는 제 모습을 영상으로 찍어보았는데, 시간이 갈수록 목이 점점 앞으로 나오는 모습이 거북이 같아서 친구들과 웃었던 기억이 있어요. 이날 집에 돌아와 그림을 그리다가 프로크리에이트의 기능이 업데이트되면서 gif 애니메이션 기능이 생겼다는 것을 알게 되었습니다.

이전에는 없던 기능이어서 이리저리 만져보다 간단한 움짤을 만들었어요. 회사에서 일하던, 거북이 사원이었던 제 모습을요.

거부기씨의 모티프가 되었던 gif 연습 스케치

간단하게 만든 이 움짤을 단톡방에 올렸더니 반응이 좋았어요. 컨셉도 괜찮고 웃기니 "이걸로 이모티콘 만들어봐!"라고 하더라고요. 그날 밤 마침 할 일이 없어서 바로 제작했고, 제안까지 했어요. 그렇게 후다닥 제작하고 얼렁뚱땅 제안했던 첫 이모티콘이 바로 <웃음을 잃지 않는 거북목사원 거부기씨>입니다. 눈치도 많이 보이고 왠지 웃고 있어야 할 것 같아 얼굴은 웃고 있는데 속이 썩고 있어서 영혼은 없는 사회초년생, 저와 주변 친구들을 보며 만들었어요. 그리고 현대 사회인이라면 누구나 가지고 있다는 거북목 증후군과 굽은 등을 가진 모습이 되어가는 우리의 모습을 거부기씨에 투영했습니다.

행복한백수 개구락지 (카카오 이모티콘)

첫 이모티콘이었던 거부기씨를 제작하다 보니 너무 슬프더라고요. 현실도 슬픈데 그리는 것도 나 같은 걸 그리고 있다니…. 우울해지는 마음에 '그래! 정반대의 귀염귀염한 걸 그려야겠다!'라고 결심했어요. 어떤 귀여운 걸 그릴까, 왠지 시장에 나와 있는 하얗고 말랑

한 건 하고 싶지 않았어요. 나만의 개성이 드러나는 무언가를 만들고 싶었고, 제일 좋아하는 색이 녹색이라서 녹색을 활용하고 싶었어요. 마침 사무실 책상 위에 있던 피규어가 눈에 띄더라고요. 일본에 놀러 갔을 때 산 개구리 피규어인데, 한가해 보이는 모습이 마음에 확 와닿았어요.

너무 한가해 보여서 약 오르는 개구리 피규어

녹색? 뭐가 있지? 개구리? 그래, 개구리로 그려보자!

그럼 컨셉은 뭐로 하지?

회사원으로 사는 게 지겨워서 그리는 거니까 백수로 할까?

그래, 그럼 백수 개구리.

항상 내 책상에 누워서 일하는 나를 보며 약 올리는 개구리 피규어 같은 이모티콘을 만들고 싶다.

이름은 개구락지가 어울릴 것 같다!

이왕 백수니까 '행복한 백수'라는 타이틀을 붙여줘야지.

그래서 만들어진 이모티콘이 <행복한백수 개구락지>입니다. 100% 회사원의 입장에서 막연하게 떠오르는, 마냥 행복하고 천진난만한 백수 개구락지를 만들었어요.

집이좋아 포들포들 두덩이 (카카오 이모티콘)

두덩이는 재택근무를 하며 행복해하는 친구를 보고 구상했습니다. 이틀 간의 재택근무를 하게 된 친구는 너무 행복하다며 이불 속에 있는 시바견 사진을 보내주었어요. 이 사진이 유난히 웃기고 귀엽게 느껴져서 이런 느낌의 이모티콘을 만들고 싶다는 생각이 들더라고요. 집에 콕! 박혀서 집에 있는 걸 제일 좋아하고, 밖에 나가는 순간 모든 에너

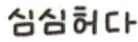

지가 빠진다는 컨셉을 생각했습니다.

두더지의 Before - After

처음에는 바닷가에 단체로 누워있는 늘어진 바다표범의 모습이 연상되어 바다표범 캐릭터로 컨셉을 살리고자 했습니다. 그런데 제안용 이모티콘을 모두 제작한 후 컬러와 디테일을 아무리 변형해도, 기존 이모티콘 시장에 있는 수많은 물범들의 캐릭터와 비슷하게 만들어질 수밖에 없더라고요. 그러다 두더지가 생각났습니다. 땅속에 살다가, 땅(집)에서 나오면 호다닥 돌아가려 하는 모습이 떠올랐어요. 유튜브에 두더지를 검색해 관련 영상을 살펴보고, 컬러만 물범 색상에서 두더지 색상으로 바꾸니 특징이 확 살고 눈에 띄어서 마음에 들었어요.

안녕! 나는 너의 조그만 마으미야 S2 (카카오 이모티콘)

'마으미야'는 생뚱 맞은 생각에서 시작되었어요. 이모티콘 강의를 하면서 낙서처럼 그린 하트를 보고 수강생이 '하트를 너무 잘 그리시네요. 하트로 이모티콘을 만들어보는 건 어때요?' 하더라고요. 장난이었을 수도 있겠지만 당시  거부기씨와 개구락지의 상품화 과정이 마무리되고 있는 단계였기 때문에 다른 작업이 없던 시기였습니다. 이모티콘 샵에 검색해보니 하트를 주제로 제작된 이모티콘이 별로 없기도 했고요.

1. 아이디어 구체화하기

> 그냥 하트로 제작하면 재미도 없고 의미도 없으니, 어떤 컨셉을 잡으면 좋을까?

> 하트하면 마음, 마음하면 심장이 떠오르니까 이런 식으로 파생되는 표현이나 단어를 써볼까?

> 그럼 컨셉은 '마음'으로, 이름은 '마으미야'로 지어야겠다.

> 더 추가할 만한 특징은 무엇이 있을까?

> 작은 마음인데 역설적으로 모션은 역동적이면 재미있지 않을까?

이런 의식의 흐름을 거쳐 <안녕! 나는 너의 조그만 마으미야 S2>가 되었답니다.

우리는 식빵남매 (카카오 이모티콘)

'식빵남매'를 생각했을 당시는 가족 관계를 주제로 하는 이모티콘이 막 생기던 추세였습니다. 그중에서도 자매를 주제로 하는 이모티콘이 많이 생기고 있었는데, 유독 남매를 주제로 한 이모티콘은 없더라고요. '그래, 누가 하기 전에 내가 내야겠다!'라고 생각하며 신나게 기획하기 시작했습니다.

사람으로 이모티콘 캐릭터를 만들고 싶진 않았습니다. 남매의 경우에는 경우의 수도 많아지고, 특정한 성별이 특정하게 쓰는 언어는 사용하고 싶지 않았

거든요. 그렇다면 어떤 비유를 사용해서 이모티콘을 표현하면 좋을까 생각하다가 처음에는 붕어빵을 선택했어요. '붕어빵 같은 남매'라는 말을 자주 쓰잖아요. 그런데 '붕어빵에 팔다리를 달아서 남매 같아 보이게 그릴 수 있을까? 어떻게 붕어빵을 두 개로 나눠서 대화하듯 표현하지? 앙꼬로 표현해야 하나?'라는 질문에 답할 수 없어서 붕어빵은 삭제됩니다. 그렇게 고민을 하다가, 제 아이패드 케이스를 보고 영감을 얻었어요. 식빵 캐릭터의 폭신한 아이패드 케이스를 가지고 다녔었거든요. '식빵 같은 남매'로 이름을 정하고, 그렇게 식빵 남매 이모티콘을 제작했습니다.

미운 우리오리 나새끼 (카카오 이모티콘)

'오리새끼'도 가족 관련 이모티콘을 만들고 싶던 도중에 생각한 아이디어였습니다. 기존 이모티콘 시장의 부모 자식 간 이모티콘은 애교가 가득한 이모티콘들이 대부분이더라고요. 그런데 평상시 저희 가족의 대화를 생각해보거나 친구들 가족 간의 대화를 물어보아도
애교가 가득하기보다 일상적인 말투를 사용하더라고요. 그래서 가족 이모티콘은 오글거려서 못 쓰겠다는 의견이 많았습니다. 애교가 섞이지 않은 이모티콘을 만들고 싶다는 생각을 하던 찰나, 짧은 유머 애니메이션을 발견했어요. 평소 즐겨보는 유머채널에서 올린 <Mom Can Fix Anything>이라는 짧은 영상인데, 갖가지 상황에서 '엄마'라는 두 글자로 감정 표현이 되는 것을 보고 아이디어가 떠올랐습니다. 바로 '엄마'라는 단어의 신비로움이었어요. 저는 평소 '엄마'라는 말로 모든 걸 해결하는 편이에요. 아침에 일어나거나 배가 고파도 "엄마…", 화가 나면 "엄마!!!!" 하고…. 그래서 처음부터 끝까지 '엄마'라는 단어의 변형으로 이뤄지는 이모티콘을 구상했어요.

그다음 어떤 동물에 비유해서 이모티콘을 만들까 고민했습니다. 사람으로 표현하자면 성별이 드러나고, 아들이 하는 말과 딸이 하는 말이 구분된다고 생각하지 않기 때문에 사람으로 표현하고 싶지 않았습니다. 마침 '오리'라는 캐릭터가 생각났어요. 오리는 알에서 깨자마자 보는 대상을 무작정 엄마라고 인식한다는 특징을 가진 동물이잖아요. 항상 엄마 앞에서 미운 짓만 골라서 하는, 그래도 엄마만 불러대는 나 같은 <미운 우리오리 나새끼> 이모티콘이 제작되었습니다.

리뷰블로거 필수템 초강력추천 리뷰스티커! (오지큐마켓 스티커)

오지큐마켓은 네이버 블로그, 카페, 그리고 아프리카TV 댓글에서 사용할 수 있는 스티커를 제안하는 플랫폼입니다. 어떤 사용자가 가장 많을지 정확히는 모르지만 제 주변을 보니 오지큐마켓에서 스티커를 산 사람은 블로거가 대부분이었습니다. 그래서 저는 블로거를 위한 스티커를 만들어야겠다고 생각했어요.

주변의 파워블로거 친구에게 왜 스티커를 사용하는지, 평소에 어떤 스티커를 구매하는지 물어보았습니다. 그리고 블로그에 사용하고 싶은 멘트가 있다면 알려달라고 인터뷰를 했습니다. 우선 친구가 스티커를 사용하는 이유는 눈에 잘 띄게 만들고 싶은 어떤 구간이 있을 때 강조하는 용도라고 했습니다. 그래서 캐릭터 없이 멘트만 있는 스티커가 깔끔하고 주목도가 높게 느껴져서 사용하기에 좋다고 하더라고요. 친구는 리뷰 블로그를 운영중이라서, 리뷰 포스팅을 쓸 때 자주 사용하는 멘트가 무엇이 있는지 알려주었고 알려준 것을 바탕으로 이렇게 제작했습니다.

많이 사용하는 멘트를 바탕으로 만든 리뷰스티커

오지큐마켓에서 블로그라고 검색하면 블로거를 타겟으로 한 여러가지 스티커들이 검색됩니다. 블로거 유형별로 나뉘어져 특정 블로거들이 사용할 법한 스티커부터 다이어리 꾸미기에 사용하는 꾸밈 스티커와 구분선 스티커를 찾아볼 수 있어요. 이렇게 특정 타겟을 두고 제작하니, 캐릭터 위주의 다른 스티커들에 비해 판매량이 월등히 높았습니다.

째그만 너구리 째구리의 스터디라이프 (네이버밴드 스티커)

밴드에 이모티콘을 제안해야겠다는 결심이 서자마자, 주변에 밴드를 사용하는 사람이 있는지 여기저기 물어봤어요. 마침 친구 중 한 명이 밴드를 애용한다고 하더라고

요. 공시생이어서 스터디용으로 밴드를 쓰고 주로 스터디 인증용으로 밴드를 활용한다고 했어요. 그래서 공시생을 위한 이모티콘을 만들어보고 싶어졌습니다.

> 공부하면 떠오르는 건? 안경!
>
> 안경 쓴 동그란 친구를 그려볼까?
> 음, 귀도 달아줘야겠다!
>
> 흰 색으로 두기엔 허전하니 색을 칠해볼까?
>
> 오, 왠지 너구리 같아졌네!

밴드 이모티콘 시장은 사용성을 중요시하기 때문에, 제안가이드에 필수 멘트 키워드가 있어요. 굉장히 정적이고 점잖은 느낌의 키워드로 밴드 제안용 캐릭터를 제작했습니다.

움직이는 시안 3종 GIF *1개 파일 당 1M 미만

멈춰있는 시안 5종 PNG *1개 파일 당 1M 미만

그렇게 만들어진 째구리 캐릭터

밴드에 제안하고 보니 캐릭터도 나쁘지 않고, 점잖은 말투가 역설적으로 웃기더라고요. 카카오 이모티콘으로는 센 말투를 주로 제안해왔는데, 째구리 캐릭터는 점잖은 말투가 포인트로 느껴졌어요. 이 포인트가 재미있게 느껴지더라고요. 그래서 밴드에 제안하자마자 카카오에도 같이 제안을 했습니다. 카카오에 제안할 때는 공시생을 타겟으로 제안하기에는 위험하다는 판단이 있었어요. '공시생들은 오히려 카카오톡을 지우고 공부에 전념하지 않을까?' 하는 생각이 들었거든요. 이런 점잖은 말투가 필요한 다른 경우는 어떤 경우일지 생각했을 때, 사회생활에서 사용할 법한 말투라고 느껴졌어요. 그래서 카카오에는 <째그만 너구리 째구리의 순조로운 사회생활>이라는 제목으로 제안했습니다. 결과는 승인이었어요. 그래서 밴드와 카카오에 모두 제안하게 되었습니다.

2. 이런 레퍼토리를 사용했어요

제가 제작해온 이모티콘들의 기획 스토리를 들려드렸습니다. 어떤가요? 어느 정도 레퍼토리가 보이지 않나요? 이모티콘을 기획하고 제작하다 보니 이모티콘 기획의 레퍼토리가 생겼습니다. 그리고 이모티콘을 제작할 때 저만의 원칙들이 세워졌고, 그 원칙대로 작업하고 있습니다. 저만의 원칙과 레퍼토리를 알려드릴게요.

먼저, 생각한 아이디어와 잘 어울리는 캐릭터를 만듭니다. 저는 아이디어와 캐릭터의 메타포 구성 결이 같을 때 희열을 느낍니다. 그래서 '어떤 캐릭터를 이 아이디어에 붙여야 찰떡같이 붙을까!' 하는 생각으로 작업하기 때문에 기획 단계에서 가장 오랜 시간을 소요합니다. <웃음을 잃지 않는 거북목사원 거부기씨>는 사무직 회사원들을 타겟으로 제작했기 때문에 현대인의 고질병인 거북목 증후군을 가장 잘 보여주는 거북이를 캐릭터로 잡아 작업했습니다.

주제는 가까운 곳에서 찾는다

거부기씨는 저와 제 친구들의 모습이 모티브가 된 이모티콘이었습니다. 두덩이는 재택근무를 하게 되어 행복해하는 친구를 모티브로 만든 이모티콘이었고요. 주변이나 자신에게서 주제를 찾으면 그 대상이 자주 하는 행동과 말을 따올 수 있다는 장점이 있습니다. 이모티콘의 모델이 실제로 있으니 보다 생생하고 공감하기 쉽도록 피드백 받을 수도 있겠지요. 첫 이모티콘을 제작하던 당시에 <세바시(세상을 바꾸는 시간, 15분)> 강연에서 'The most personal is the most creative(가장 개인적인 것이 가장 창의적인 것이다)'라는 주제의 강연을 듣고 감명을 받았어요. 개인적인 경험이 곧 가장 창의적인 것의 모티브가 됩니다. 결국 우리 하나하나가 대중이니까요.

의식의 흐름대로 단순하게 생각한다

너무 깊게 생각해서 캐릭터에 많은 뜻이 들어가면 보는 사람이 캐릭터의 특징과 컨셉을 한번에 이해하기 힘듭니다. 경찰청 캐릭터 '포돌이'에 얼마나 많은 메타포가 숨어있는지 알고 있나요? 사람들은 포돌이를 보고 '경찰복을 입었으니 경찰 캐릭터구나!'라고 생각하지, '오, 포돌이의 눈은 전국 구석구석을 살피면서 순찰하고 범죄를 사전에 예방하겠다는 의미구나!'라고 받아들이는 사람은 없지요(경찰청 공식 홈페이지에 있는 포돌이 캐릭터의 공식 설명이랍니다).

오프라인에서 만난 수강생들에게 이모티콘을 구매할 때 무엇을 보는지 물어본 적이 있어요. 대부분 사람들은 이모티콘의 첫인상을 보고 구매합니다. 웃기거나, 귀엽거나, 쓸 만한 말이 많다든가 하는 것처럼요. 캐릭터 시장에서 캐릭터는 숨은 뜻이 있는 게 좋을 수 있겠지만, 이모티콘 시장에서의 캐릭터는 간단하고 명료할수록 사용자의 구매 욕구를 높일 수 있습니다. 이모티콘을 구매할 때는 첫눈에 들어온 인상을 보고 구매하지 숨은 뜻을 생각하며 구매하진 않으니까요. 이모티콘으로 사용하기 좋은 캐릭터를 제작해야 하기 때문에, 가볍고 단순하게 생각해서 제작하는 것이 좋아요. 단순한 기획의 캐릭터일수록 첫눈에 그 특징이 살아 명료한 컨셉을 가진 캐릭터가 만들어집니다. 개구락지나 마으미야처럼요.

> 내가 좋아하는 걸 주제로 하고 싶다!
> 난 뭘 좋아하지? 초록색!
> 초록색 뭐가 있지? 개구리!
> 그럼 주제는 뭐로 하지? 지금 하는 거랑 반대인 백수로!

단순하게 생각하는 기획 방법이 어렵게 느껴진다면 마인드맵을 그려보는 방법을 추천해요. 마인드맵은 하나의 주제에서 자유롭게 생각나는 꼬리들을 물고 물어 생각을 확장하는 아이디어 발산 기법 중 하나입니다. 제가 다닌 초등학교에서는 마인드맵 훈련을 많이 시켰고 당시 저는 마인드맵 덕후였습니다.

어른이 된 지금도 꼬리에 꼬리를 물며 생뚱맞은 생각을 즐겨 하는 편이에요. 이렇게 생각의 꼬리를 물다 보면 생각지도 못한 재미있는 컨셉이 떠오르기도 합니다.

어떤 사람이 사용할지 정한다

컨셉을 정하다가 '이런 식으로 구성하면 누군가는 못 쓸 수도 있겠는데?'라고 생각한 적이 있었어요. 모두를 위한 이모티콘을 만들어야 한다고 생각했던 때였죠. 그렇지만 이모티콘 샵을 계속 보다 보니, 명확한 컨셉과 구체적인 타겟이 강점이 될 수 있다는 것을 알게 되었습니다. 예를 들어 2030 직장인들이 쓸 법한 말들만 들어있는 이모티콘이나 1020 연령대가 엄마한테 쓸 법한 이모티콘처럼요. 이렇게 구매자가 특정된 이모티콘을 만들더라도, 성별이 드러나는 표현은 지양하고 있습니다. 특정 성별 자체가 주제가 되지 않는 이상 성별이 가지고 있는 고정 관념으로 캐릭터를 만들지 않는 것이 제 원칙 중의 하나가 되었어요. 그래서 사람 캐릭터보다는 동물이나 사람에 비유해 최대한 중성적인 모습의 이모티콘을 만드는 것을 좋아해요.

이모티콘은 상품이라는 걸 잊지 않는다

이모티콘은 상품입니다. 이걸 잊지 않는 것이 굉장히 중요해요. 이모티콘은 돈을 주고 사는 '상품'이고, 플랫폼에서는 이모티콘을 '유료' 서비스, 다시 말해 돈을 벌기 위한 수단으로 이모티콘 사업을 하고 있는 거예요. 그런데 가끔 이모티콘을 '작품'으로 생각하는 분들이 있습니다. 대학교 디자인학과에 입학해 가장 첫 해에 귀에 못이 박히도록 들은 이야기가 있어요. 바로 예술과 디자인의 경계에 관한 이야기입니다. 예술과 디자인의 가장 큰 경계는 상업적이지 않은가, 상업적인가라고 할 수 있습니다.

예술은 상업적인 것 이외에도 작가의 예술적 이념이 가장 큰 파이를 차지합니다. 현대 미술의 거장 앤디 워홀은 '유명해지기만 한다면 똥을 싸도 사람들은 박수를 칠 것이다'라고 이야기했죠. 그만큼 예술은 돈으로 가격을 따지지 못하고 따지지도 않는 경우가 많아요. 그러나 디자인은 상업미술이기 때문에 상업 가치를 빼놓을 수 없습니다. 상업적이라는 말은 한마디로 '소비자의 유무'라고 생각합니다. 사는 사람이 있다는 점에서 상업적이고, 그렇기에 사는 사람을 위해 디자인해야 한다고 생각해요.

다시 이모티콘 이야기로 돌아와서, 이모티콘 또한 상품이고 디자인이라는 이야기를 하고 싶어요. 결국 소비자가 있어야 이모티콘은 존재합니다. 내가 좋아하는 것도 중요하지만, 대중이 좋아하는 것이 훨씬 중요하다는 것을 간과하지 말아야 합니다. 내가 제안할 이모티콘 플랫폼의 주요 소비자가 누구이고, 어떤 소비자를 타겟으로 이모티콘을 만들 것인지와 같은 디자인 방법론도 중요하지만, 무엇보다도 중요한 건 대중의 눈으로 봤을 때 내가 만든 이모티콘이 대중성이 있는지, 나에게만 좋은 이모티콘은 아닌지 냉정하게 바라볼 수 있는 눈을 키워야 해요. 다시 한 번, 이모티콘은 상품이라는 것을 절대 잊지 맙시다.

플랫폼별로 특징을 파악해 이모티콘을 더 전개한다

어떤 플랫폼에 제안할지 구체적으로 정합니다. 플랫폼별로 특징도 다르고, 제안할 때 쓰이는 종이의 규격이나 이모티콘의 개수도 다르기 때문에 미리 생각해두고 본격적으로 제작합니다.

이모티콘 샵을 매일 관찰한다

이모티콘 샵을 매일 방문해 관찰해보세요. 당장 얻을 수 있는 건 없더라도 매일 새로 업데이트된 이모티콘은 무엇인지, 그리고 소비자에게 인기 있는 이모티콘은 무엇인지 관찰해보세요. 데이터가 쌓이다 보면 흐름이 읽히고, 이모티콘을 구성하고 기획할 때 그 흐름대로 이모티콘을 기획할 수 있게 됩니다.

카카오의 경우 공식적으로 '이렇게 하면 승인이에요, 이렇게 하면 미승인이에요.'와 같은 가이드를 이야기하지 않습니다. 공식 FAQ에서도 대외비로 진행되고 있다고 이야기하고 있고요. 그렇다면 우리가 그들의 안목이나 기준을 알 수 있는 곳은 어디일까요? 결국 카카오 이모티콘 샵뿐입니다. 그들의 안목을 간접적으로 뜯어봅시다. 지피지기면 백전백승이니까요. 카카오에 이모티콘을 내는 것이 최종 목표라면 카카오 이모티콘 샵에 매일 들어가보세요.

STEP 2 캐릭터 만들기

1. 나만의 캐릭터를 만들어요

이번에는 어떤 대상을 캐릭터화하는 방법을 알아볼게요. 너구리 캐릭터를 만들어보겠습니다.

특징 파악하기

너구리 이미지를 검색해보세요. 수많은 너구리 사진들을 관찰해보며, 너구리가 가지고 있는 특징이 무엇인지 적어보세요. 눈으로 보아서 잘 보이지 않는다면, 직접 그려보면서 너구리의 특징을 찾아봅니다.

동그란 눈, 쫑긋한 귀, 눈주위 얼룩, 살짝 울상, 브라운계열

어떤 요소가 너구리를 너구리처럼 보이게 하는 걸까요? 형태적인 측면에서는 쫑긋한 귀의 모양과 눈 주위의 무늬가 너구리의 가장 특징적인 요소인 걸로 파악되어요. 색상은 어떤가요? 너구리는 대부분 갈색 컬러가 많은 것으로 보여요. 이렇게 파악된 특징을 활용해서 아이디어 스케치를 해보세요.

앞에서 찾은 너구리의 특징으로 아이디어 스케치를 해보았어요. 원에서 시작해서 귀도 달아보고, 눈도 그려보고, 눈 주위의 무늬를 넣었다 뺐다 해보면서 너구리처럼 보이면서도 가장 마음에 드는 형태를 찾아보세요.

비슷한 주제의 캐릭터를 찾아보기

캐릭터를 만들면서 레퍼런스를 찾아볼게요. 내 캐릭터를 좀 더 '캐릭터답게' 만들기 위해 다른 캐릭터들은 어떤 특징이 있나 조사해보는 과정입니다. 앞에서 찾은 너구리의 특징을 기본으로, 다른 비슷한 캐릭터들은 어떤 특징을 공통적으로 가지고 있는지 차별적으로 가지고 있는 특징은 무엇인지 찾아봅니다. 이렇게 같은 주제의 캐릭터를 찾아보면서 내 캐릭터에는 어떤 부분을 추가하거나 삭제해야 기존의 너구리 캐릭터들과 다른 캐릭터가 될 수 있을지 비교해보면서 캐릭터를 연구해봅니다.

성격 만들기

일반적인 너구리 그림과 너구리 '캐릭터'가 구분되기 위해서는 무엇이 필요할까요? 맞아요. 캐릭터의 성격과 캐릭터만의 개성이 들어가면 평범한 너구리 그림에서 생명력이 있는 너구리 캐릭터가 되겠지요. 우선, 너구리 캐릭터를 통해 하고 싶은 말은 무엇인지 생각해봅니다. 성격을 부여해보고, 이 성격의 당위성을 표현할 수 있는 시각적 요소를 부여한다면 외형에서부터 재미있는 캐릭터를 만들 수 있습니다. 컨셉이 특이하고, 그 컨셉이 캐릭터 이미지에 묻어날수록 재미있는 캐릭터가 됩니다. 외형으로 특징을 만드는 게 어렵다면 움직임이나 멘트에서 성격을 만들어줘도 괜찮아요. 우리는 이모티콘을 위한 캐릭터를 만드는 것이니까요. 이모티콘으로 사용할 캐릭터라면 캐릭터의 성격의 특징이 '대화'에 어울리는지 파악하는 것 또한 중요합니다. 대화에 전혀 녹일 수 없는 주제로 캐릭터를 만들게 되면, 이모티콘용 캐릭터로 풀기에는 다소 어려울 수 있습니다.

성격이나 상황을 먼저 만든 뒤 캐릭터의 외형을 만들어주는 방법도 좋습니다. 저는 이 방법이 조금 더 쉽게 다가오더라고요. 꼭 순서대로 작업할 필요는 없습니다. 여러분도 작업을 해보면서 여러분만의 방식을 찾아보세요. 아이디어가 잘 떠오르지 않을 때는 앞에서 말한 것처럼 마인드맵을 활용하는 것도 좋아요. 마인드맵 기법을 사용해 단어를 적어 내려가다 보면, 생각해보지 못한 재미있고 새로운 주제를 찾을 수 있어요.

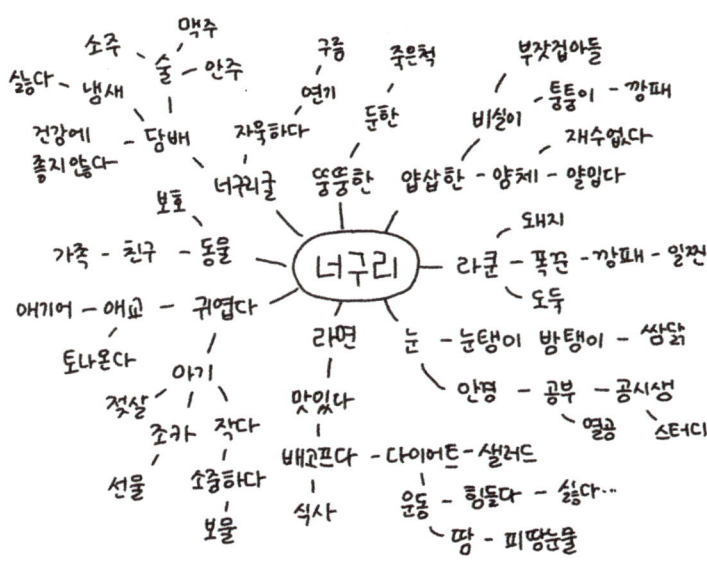

가운데에 '너구리'라는 키워드를 놓고 생각나는 단어들을 적어보았어요. 주제와 뚜렷한 연관성이 없어도 됩니다. 무한대로 생각을 확장해보세요. 마음에 드는 키워드를 골라 이모티콘 캐릭터로 만들어봅시다.

저는 이 키워드가 마음에 들었어요. 너구리의 눈은 안경이 떠오르고, 안경 하면 공부, 공부하면 공시생, 공시생 하면 스터디. 그래서 스터디를 하는 너구리 캐릭터를 만들어보려고 합니다.

캐릭터 만들어보기

앞 단계에서 찾은 특징들을 모아 캐릭터를 만들어봅시다. 보통 동물이 주제가 되면 두 가지 상황에서 하나를 골라야 해요. 동물의 몸 형태를 그대로 가져다 만들 것인가, 외형은 동물이지만 두 발로 선 캐릭터를 만들 것인가? 장단점이 있겠지만 저는 후자의 경우가 이모티콘으로 표현하고 활용하기에 편해서 보통 두 발로 선 캐릭터로 제작합니다. 두 발로 선 캐릭터를 제작할 때는 미리 어느 정도 틀을 만들어두고, 그 위에 캐릭터의 특징을 얹어서 사용하는 편이에요.

이런 식의 틀을 만들어놓고, 원하는 유형에 맞춰 캐릭터를 녹여줍니다. 캐릭터에 적용해보면서 비율을 요리조리 바꿔보세요. 손과 발의 비율과 크기도 바꿔보면서 캐릭터의 비주얼을 만들어봅니다. 종이에 그리는 찰흙놀이라고 생각하면서 덩어리를 척척 붙여보세요!

2. 관찰하고 단순화해요

저는 어렸을 적부터 그림을 잘 그리기보다는 좋아하는 아이였습니다. 그림을 자주 그렸고, 그리면 그릴수록 더 잘 그리고 싶었어요. 그래서 그리고 싶은 대상이 생겼을 때나 그리고 싶은 스타일의 그림이 있을 때 눈으로 그 객체의 외향을 외워서 머릿속으로 몇 번을 그려보고 종이에도 옮겨 그리는 편입니다. 이런 과정은 혼자 즐겼던 작은 취미였는데, 나중에 전공으로 드로잉 수업을 들으면서 이 방법이 관찰력을 키우는 방법이라는 걸 알았어요.

요리를 한다고 생각해볼게요. 요리가 익숙하지 않은 사람은 모든 과정에서 레시피를 확인하겠지요? 그렇지만 요리가 능숙한 사람이라면 레시피 없이도 어느 정도 요리가 가능하다는 것을 알고 있지요. 그림도 마찬가지입니다. 레시피를 따라하듯 대상을 대고 그려보거나 옆에 사물을 두고 따라 그리다 보면, 예시 그림이나 사물이 없더라도 슥슥 그릴 수 있게 됩니다. 그럴 듯한 그림을 그리려면 대상의 특징을 파악하는 관찰력을 기르면 됩니다. 관찰을 자주하면 그럴듯한 그림을 그릴 수 있어요!

그렇다면 관찰은 어떻게 하면 되는 걸까요? 그 방법에 대해 알아보겠습니다.

사물을 그대로 대고 그리기

그림을 그릴 대상이 필요합니다. 대상의 사진을 찍어주세요. 아니면 사진을 준비해도 좋아요. 사진을 아이패드에 저장해서 프로크리에이트에서 열어줍니다. 그러면 사진이 레이어로 삽입되지요.

그리고 사진레이어에 투명도를 주어 반투명한 상태로 만들어줍니다. 그래야 대고 그리기 쉽겠지요? 그림을 그릴 새 레이어를 추가해준 뒤, 그림을 따라 라인으로 그려보세요. 눈으로 대상을 관찰했을 때보다 새롭고 디테일한 부분을 발견하게 될 거예요.

사물을 옆에 대고 그리기

대고 그리는 과정이 너무 쉬운 것 같다 하면 업그레이드를 해볼게요. 이번에는 사진을 대고 그리는 것이 아니라, 사진은 옆에 두고 빈 종이에 그려볼 거예요. 옆에다 두고 그리면 뭐부터 그려야 할지 막막할 수 있어요. 그럴 때 쓰는 방법을 알려드릴게요.

  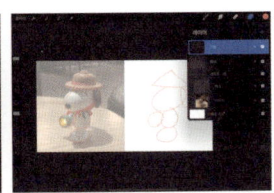

우선 그려줄 사진 이미지를 불러옵니다. 레이어에 투명도를 주어 살짝 투명하게 만들어준 뒤, 그 위에 새로운 레이어를 열어줄게요. 새 레이어에서는 그림의 뼈대를 잡아볼 거예요. 뼈대를 잡을 때는 동그라미, 네모, 세모만 사용해서 전체적인 구조를 그려봅니다. [동작] - [캔버스] - [잘라내기 및 크기변경]으로 이미지 옆에 빈 공간을 만들어 그림을 그려줄게요. 그리고 레이어 창에서 예시 이미지는 옆으로 옮겨주거나 꺼주세요. 뼈대 이미지는 복사해서 원본 이미지와 함께 빈 공간에 놓으세요. 그러면 뼈대 레이어만 남게 됩니다. 이제 새로운 레이어를 추가해줍니다.

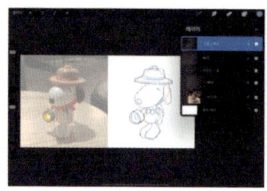 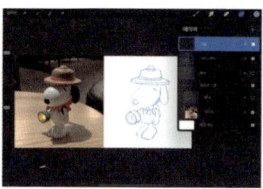 

그림스케치 레이어에서 원래 사진을 보며 최대한 같은 비율로 그려보세요. 양쪽의 비율을 확인하면서 비교하며 그려보는 거예요. 틀이 있기 때문에 빈 종이에 그리는 것보다 수월하게 그릴 수 있습니다. 한 번에 그리지 않아도 괜찮아요. 여러 개의 레이어를 추가해도 괜찮아요. 스케치를 반복해서 작업해보고 마지막으로 깔끔한 라인 레이어를 추가해 작업해보세요. 디지털 드로잉의 장점은 레이어를 사용할 수 있다는 점이에요.

이 특징을 꼭 활용해서 그림을 단계별로 그려보세요! 이런 방식으로 스케치 연습을 하면 사물을 관찰하는 훈련이 자연스럽게 됩니다. 그리고 점차 뼈대 없이도 그림을 그릴 수 있게 될 거예요. 매일매일 드로잉 연습을 해보세요.

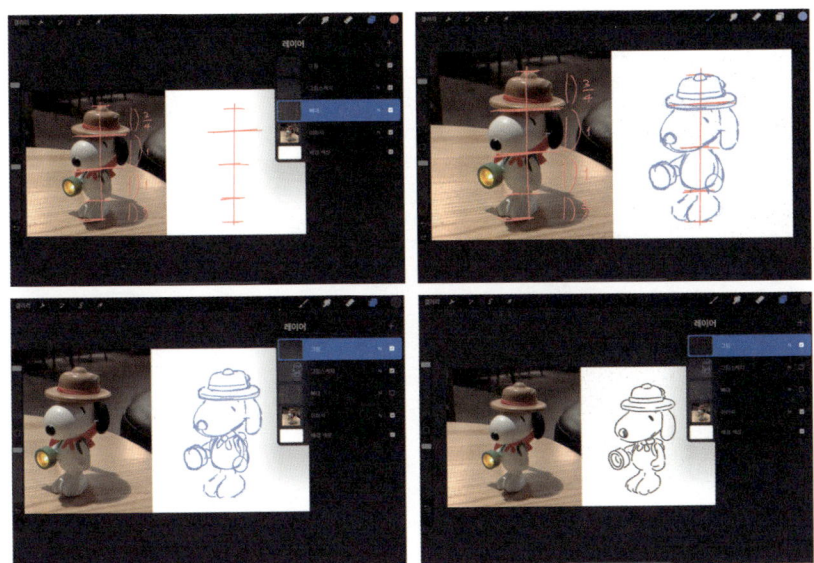

이 과정을 반복해서 연습하다 보면 이제는 사물을 볼 때 자연스럽게 뼈대가 먼저 보일 거예요. 점차 그림에 대고 그리는 과정은 생략하고, 대상만 보고 눈으로 비율을 유추해 그리는 연습을 해보세요. 똑같이 그려야 한다는 부담을 버리고, 비율의 뼈대만 맞추어 스케치를 해본 후 디테일을 살려 그림을 그립니다.

단순하게 그리기

점차 대상을 단순화해보세요. 특징이 되는 부분만 살리고, 디테일한 부분은 생략해보세요. 예를 들어 우편함의 큰 글자들은 써주되, 작은 글자들은 지렁이처럼 표현하는 거예요. 어떤 부분을 날려야 할지 감이 잘 오지 않는다면, 사진을 아주 작게 줄인 후 눈을 게슴츠레 떠보세요. 그러면 마치 이 그림을 멀리서 보고 있는 듯한 느낌이 들거든요. 그때 가장 눈에 띄는 부분을 살리고, 잘

보이지 않는 디테일은 생략하면 됩니다. 점점 더 단순화해보세요. 비율도 무시하고, 디테일도 없애보면서 사물이 가지고 있는 최소한의 특징만 살려 그려보세요. 마찬가지로 대상의 사진을 아주 작게 줄여 눈을 게슴츠레 떠보면서 어떤 특징을 살려야 할지 고민해보세요. 큰 형태는 보통 동그라미, 세모, 네모로 단순화해서 그릴 수 있을 거예요. 이런 순서로 그림을 연습해보면, 대상의 특징을 관찰하여 빠르게 파악할 수 있게 되고 아주 최소한의 특징만을 살려서 그림을 그릴 수 있게 됩니다. 천천히, 오래 연습해보세요. 주변의 사물이나 동물 등을 그려보며 연습해봅니다.

3. 개성 있는 캐릭터로 만들어요

배운 내용을 바탕으로 본격적으로 그림을 그리는 연습을 해볼게요.

다양한 동작을 그려봐요

캐릭터의 외관이 어느 정도 정해졌나요? 그러면 다양한 동작으로 응용할 수 있는 방법을 알아볼게요. 캐릭터 외형의 가이드라인을 만들어두고, 가이드를 기준으로 응용 동작을 만들어주면 쉽게 제작할 수 있어요! 그리고 전체 동작에 통일성이 생기는 효과도 있답니다.

턴어라운드 동작

캐릭터의 가이드 역할을 해주는 턴어라운드 동작을 만들어볼 거예요. 턴어라운드 동작은 캐릭터의 앞, 옆, 뒷모습을 한 장에 그린 그림이에요. 이 가이드는 캐릭터 저작권 등록 시에도 사용되는 가이드니, 저작권 등록을 할 예정이라면 꼭 만드는 게 좋겠죠? 앞모습의 캐릭터는 그렸으니, 앞모습을 기본형으로 만들어주면 됩니다.

먼저 앞모습을 기준으로 새로운 레이어에 가이드라인을 그립니다. 정수리 위치, 목 위치, 허리선, 발끝 정도의 가이드라인을 길게 그려주세요. [동작] - [캔버스] - [그리기 가이드]를 켜서 작업해주면 모눈을 보며 더 정교하게 작업을 할 수 있어요.

가이드라인에 맞추어서 캐릭터의 뒷모습과, 옆모습을 그려주면 됩니다. 이렇게 캐릭터의 가이드를 만들어두면, 이모티콘의 응용 동작을 만들 때 기준이 됩니다. 평소 캐릭터를 그릴 때 통일성이 부족하다는 생각이 든다면 이렇게 턴어라운드 동작을 만들어보는 건 어떨까요?

응용 동작

응용 동작은 가이드라인 이외의 동작들입니다. 머릿속으로 구상하기 어려운 동작들도 많이 있어요. 검색을 해도 원하는 구도가 나오지 않는다면 어떤 방법을 쓰면 좋을까요? 화방에서 파는 구체 관절 인형이나, 친구에게 포즈를 부탁하고 찍은 사진을 활용해도 좋고, 내 캐릭터와 비슷한 비율을 가진 인형을 사용해도 좋아요.

구체 관절 인형을 사용하든, 친구의 포즈 사진을 활용하든 방법은 모두 같습니다. 우선 원하는 포즈의 사진을 프로크리에이트로 불러올게요. 저는 친구의 사진을 사용해서 포즈를 따볼게요. 사진을 불러와서 투명하게 만들어주세요.

그리고 새로운 레이어를 추가해 대상의 큰 덩어리와 관절을 그려보는 거예요. 먼저 큰 덩어리를 크게 표시할게요. 얼굴, 몸통, 골반이 덩어리가 되겠지요. 저는 얼굴은 동그랗게, 몸통과 골반은 네모나게 표현했습니다. 관절도 표시합니다. 관절은 우리 몸에서 구부러지는 부위라고 생각하면 됩니다. 어깨, 팔꿈치, 무릎 정도가 기본이고, 디테일한 묘사가 필요한 캐릭터라면 손목과 발목 등의 작은 관절까지 표시하면 됩니다.

큰 덩어리와 관절을 쭉 이어주는 라인을 그려주세요. 자, 이제 원본 사진 레이어는 잠깐 끌게요. 그러면 대상의 포즈와 뼈대 구성이 어떻게 되는지 한눈에 보이지요. 이 뼈대를 바탕으로 내 캐릭터에 응용해보는 거예요. 턴어라운드 동작 중 가장 비슷한 이미지를 뼈대 레이어로 복사해서 가져올게요.

저는 앞모습을 가져왔습니다. 그리고 내 캐릭터에 맞춰서 뼈대를 이동해준다고 생각하면 됩니다.

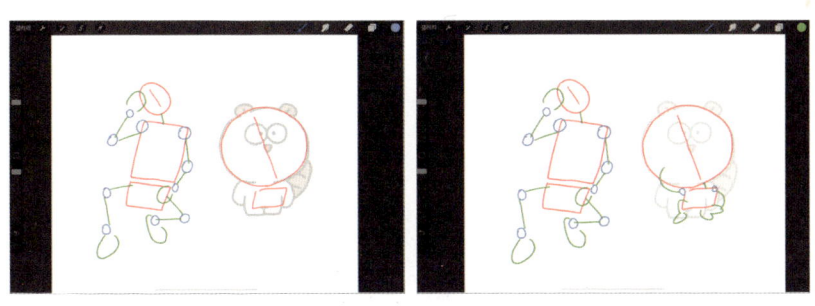

캐릭터 레이어는 살짝 투명하게 만들어주세요. 그리고 사진에서 가져온 덩어리를 참고해서 캐릭터의 비율에 맞게 구조를 그려보세요. 큰 덩어리부터 시작해서 관절의 위치가 어디에 있는지 체크한 뒤, 관절과 관절을 이어주는 선을 그려주세요. 그리고 살을 붙여 포즈대로 완성해주는 거예요. 내 캐릭터의 비율을 맞추고 싶다면 하나만 기억하면 됩니다. 관절은 최대한 변화 없이 그대로 두되, 허벅지나 종아리처럼 관절과 관절을 이어주는 부위는 길어지거나 짧아져도 된다는 점입니다. 대신 짧아질 때는 같은 비율로 짧아져야 비교적 덜 어색해집니다. 예를 들어 허벅지는 줄었는데 종아리는 가만히 있으면 이상하겠지요?

뼈대를 다 그렸으면 구조에 맞춰 캐릭터의 스케치를 그려볼게요. 캐릭터의 원본을 활용해서 조립해보는 거예요. 뼈대를 살짝 투명하게 만들어주고 맞춰주세요. 얼굴이 살짝 기울었다면, 올가미도구로 얼굴만 선택하고 회전해주세요.

몸의 모양이 아예 바뀐다면 몸은 다 지우고 작업해주면 됩니다.

> **Tip** 지우개에 약간 투명도를 준 채 지워주면, 잔상이 남아 스케치 작업할 때 편합니다. 몸통도 아예 싹 지우면 비율을 기억하기가 어려우니, 투명하게 남겨주고 스케치를 이어줬어요.

깔끔하게 라인을 정리해주면 완성! 초심자 분이라면 구체 관절 인형이나 사람을 찍은 사진은 캐릭터의 전체적인 비율과 다르기 때문에 비율을 맞추는 게 어려울 수 있어요. 비율을 맞추는 게 어렵다면 내 캐릭터와 비슷한 비율의 캐릭터 인형을 활용해보는 방법이 가장 쉽습니다. 인형에 포즈를 만들어두고, 사진을 찍어서 구도를 맞춰주면 되니까요.

Q 다양한 동작을 그리는 게 어려워요. 특히 캐릭터의 옆모습을 활용한 동작 표현이 어려운 것 같아요.

A 이건 저만의 특급 영업 비밀인데요..! 사실 제 이모티콘의 전체 꾸러미에는 옆모습으로 표현된 동작이 전혀 없답니다. 캐릭터의 옆모습을 드러내는 순간 낯설게 표현될 수 있기 때문인데요. 그래서 저는 최대한 앞모습으로 표현해주거나, 꼭 옆모습으로 표현되어야 할 법한 표현(예를 들면 옆으로 달려간다든가)은 이집트 벽화처럼 얼굴은 앞모습으로 표현하고 몸은 살짝 튼 앞옆모습으로 표현해주고 있어요. 그렇게 표현해도 생각보다 엄청 어색해 보이진 않는답니다. 이건 비밀이니까 여러분만 알고 가세요!

다양한 감정을 표현해봐요

상황표현   감정

이모티콘에 자주 사용되는 감정 표현은 무엇이 있을까요? 제안하고 싶은 이모티콘 샵에서 이모티콘들을 검색해봅니다. 여러분이 자주 사용하는, 또는 주변 사람들이 <mark>자주 사용하는 이모티콘의 표현은 무엇이고 감정은 어떤 것들이 있는지 쭉 적어보세요.</mark>

상황표현
- 안녕
- 응원
- 감사
- 동의
- 비동의
- 무시
- 여유
- 축하
- 기대
- 감탄
- 피곤
- 격려
- 칭찬
- 겸손

감정
- ㅋㅋㅋ
- ♡
- 눈물
- 놀람
- 기쁨·행복
- 없음
- 분노
- 질투·선망
- 신남
- 우울
- 짜증
- 당황
- 충격
- 두려움

제가 주로 사용하는 카카오 이모티콘을 기준으로 무엇이 있는지 살펴보고, 쭉 적어보았어요. 상황 표현과 감정의 구분이 잘 되나요? 감정만 나오는 표현도 할 수 있겠지만, 같은 '안녕'이라는 표현에도 즐거운 감정의 안녕, 슬픈 감정의 안녕, 화난 감정의 안녕 등 여러가지 감정이 드러나게 표현할 수 있답니다. 이렇게 정리해두면 이모티콘을 구성할 때 굉장히 도움이 되겠지요!

- 상황 : 부름
- 감정 : 신남, 즐거움

- 상황 : 부름
- 감정 : 짜증, 화

시종일관 같은 표정으로 있는 게 캐릭터의 컨셉일 수도 있겠지만, 이왕이면 다양한 표정이 들어간 캐릭터일수록 재미있겠죠? 거울을 보면서 내 얼굴에서 특징을 찾아보거나, 인터넷에서 다양한 사람들의 다양한 표정을 검색해 관찰해보는 것도 좋은 방법이에요.

다양한 표현 기법으로 표현해봐요

표현 기법에 따라 달라지는 느낌을 확인해보세요.

선의 굵기, 브러시의 종류, 선의 유무, 그리고 선의 색상에 따라서 모두 다른 느낌이 나는 것을 확인할 수 있어요.

2. 캐릭터 만들기

4. 이모티콘으로 구성해요

이모티콘을 기획할 때 10개 정도는 꾸역꾸역 생각해냈는데, '그 이상은 도저히 못 채우겠어!' 하는 분들께 추천하는 치트키를 몇 가지 소개해드릴게요.

세트로 구성해요

하나의 상황을 생각하고, 그에 대응하는 대답처럼 구성하는 방법이에요. 꼬리에 꼬리를 물고 떠올릴 수 있는 방법인데요. '후련하다 - 답답하다'나 '하하하(하면서 속으로는 썩은) - 저런(하면서 속으로는 비웃는)'과 같이 하나의 상황에 따른 상반되는 반응을 같이 넣어 구성할 수 있습니다.

또한 '어디쇼 - 가는 중'이나 '이런 식빵… - 먼 일이래'와 같이 질문과 대답을 넣어주는 것도 이모티콘 세트를 쉽게 구성할 수 있는 방법이에요. 이렇게 2개 세트, 3개 세트, 많게는 6개, 12개씩 같은 포즈의 다른 말이라든가, 연관성 있는 멘트를 모으다 보면 금방 24개를 채울 수 있습니다. 그렇다고 처음부터 끝까지 같은 구성을 응용하는 기획은 오히려 지루함을 줄 수 있는 요소가 될 수 있으니, 조심해주세요!

플랫폼의 특성을 이용해요

재미있어 보여서 이모티콘을 구매하고 쓰려고 보면 정작 쓸 수 있는 이모티콘은 1~2개인 경우를 경험해봤을 거예요. 컨셉에만 치중하다 보면 이모티콘의 목적이 대화라는 것을 간과하게 될 수 있습니다. 그래서 저는 이모티콘을 제작할 때 반 정도가 컨셉에 충실한 디자인이라면 나머지 반 정도는 상황에 따라 쓸 만한 멘트를 위주로 디자인하려고 노력하고 있어요. 자주 사용하게 되는 이모티콘, 또는 주변 지인이나 가족이 가장 자주 사용하는 이모티콘의 멘트는 무엇인지 관찰해보세요.

카카오 이모티콘과 같이 대화에서 사용하는 이모티콘이라면 이를 고려해서 멘트를 짜야겠지요. 그런데 오지큐마켓에 이모티콘을 제안할 계획이라면 어떻게 해야 할까요? 오지큐마켓은 블로그와 카페 게시글에 올릴 수 있는 스티커를 제안하는 플랫폼입니다. 최근에는 멈춰있는 스티커에 한해서 아프리카TV 댓글에 사용하는 스티커도 제안할 수 있게 되었어요. 오지큐마켓의 경우에는 사용할 수 있는 상황이 다양하니 이왕이면 어떤 용도로, 누가 사용하면 좋을지 대상을 정하고 그 대상을 위한 이모티콘을 구성해보는 것도 좋겠죠.

다채로운 색상과 소품을 활용해요

이 부분은 이모티콘의 컨셉에 따라 선택하면 되는 사항입니다. 이모티콘의 전체 세트를 보았을 때 주인공만 있어서 뭔가 빈 느낌이 들 수 있어요. 그럴 때는 주인공 캐릭터 이외의 새로운 캐릭터를 만들어주거나, 캐릭터의 주변에 소품이나 장식을 달아주면 이모티콘에 한층 생기가 돕니다. 이모티콘 샵에서 다른 이모티콘은 어떤 색상을 자주 사용하고 있고, 주변 소품이나 장식은 어떻게 사용하고 있는지 관찰하고 연습해보세요.

컨셉을 명심해요

이모티콘의 전체적인 컨셉을 잡았다면 이제 이미지를 굳혀봅시다. 어떻게 하면 이모티콘으로 내가 정한 컨셉을 보여줄 수 있을까요? 크게 이미지에서, 모션에서, 캐릭터에서 어떻게 컨셉을 보여줄 수 있는지 알아봅시다.

이미지에서

이모티콘 플랫폼에 따라 다르지만 일부 플랫폼에는 이모티콘을 제안할 때 간단한 설명을 텍스트로 적는 곳이 있어요. 카카오 이모티콘 스튜디오의 경우 제안할 때 텍스트를 추가해 이모티콘을 설명하는데, 구매하는 이모티콘 샵의 구매창에는 이모티콘 설명에 관련된 글은 없습니다. 다시 말해 이모티콘을 제안할 때 쓰는 제안서는 심사할 때 참고만 할 뿐, 소비자는 읽을 수 없다는 것이죠. 그렇기 때문에 글로 컨셉을 보여줘야 하는 것이 아니라, 이미지에서 컨셉이 명확하게 드러나야 합니다. 설명 텍스트가 있는 플랫폼도 마찬가지입니다. 소비자는 텍스트가 아니라 이미지의 인상에서 매력을 느끼고 구매까지 결정합니다.

<웃음을 잃지 않는 거북목사원 거부기씨>는 신입사원들의 어색하고 영혼 없는 모습을 컨셉으로, 웃음을 잃지 않는 캐릭터가 주인공입니다. 설명하는 글

이 없더라도 이모티콘이 어떤 컨셉인지 한눈에 알아차릴 수 있어야 합니다.

모션에서

움직이는 이모티콘을 제안한다면 모션에서도 컨셉을 보여줄 수 있겠지요. <웃음을 잃지 않는 거북목사원 거부기씨>는 얼굴은 웃고 있으나 영혼 없는 반응이 컨셉이기 때문에, 이를 보여주기 위해 모션에서도 움직임을 최대한 줄여 영혼 없는 듯한 느낌을 표현했어요.

캐릭터에서

저는 이왕이면 캐릭터에서도 컨셉이 드러나게 만듭니다. 어떤 디자인을 하더라도, 합당한 이유가 있는 디자인을 하자는 것이 저의 디자인 철학 중 하나입니다. 그래서 캐릭터를 만들 때도 이유가 있는 디자인을 하려고 생각하며 기획하고 있어요. 컨셉을 먼저 짜고 어떤 캐릭터를 만들지 결정한 뒤 캐릭터 디자인을 합니다. 그러면 캐릭터 자체에도 컨셉이 묻어나서 더 개성 있고 재미있는 디자인을 할 수 있어요.

만들어진 이모티콘 구경하기

집이좋아
포들포들두덩이

안뇨오옹	게으르고싶다…	으~잉쨔	

심심허다	안하고싶으다	나간다요…	뭐에엥

집에가고싶어	혼자있고싶어…	힝무룩…	집에간다

너 무 좋 아	당장눕고싶어	귀 가	주말이댜…!
			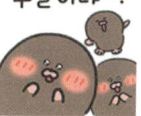

ⓒ ninimuybien. All rights reserved.

만들어진 이모티콘 구경하기

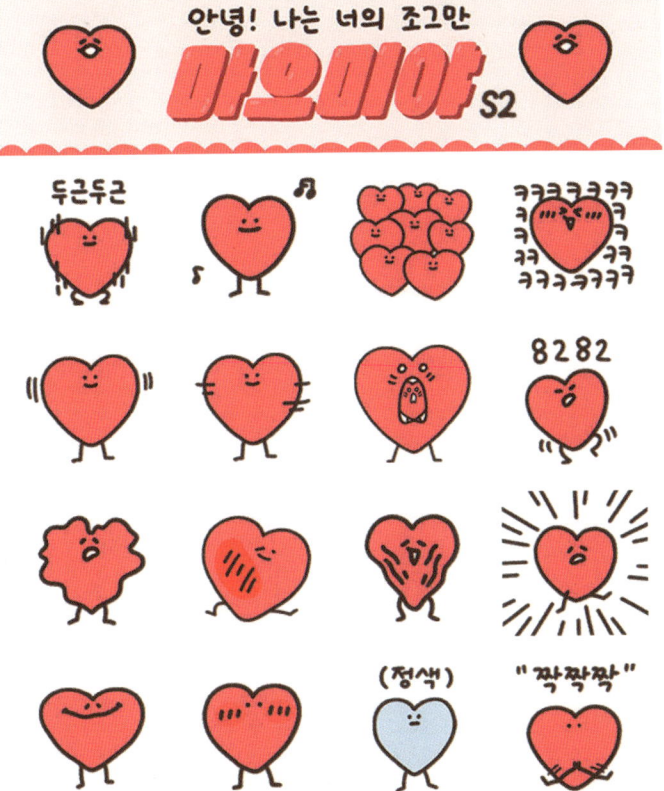

만들어진 이모티콘 구경하기

만들어진 이모티콘 구경하기

PART **2**
제작하기

프로크리에이트와 포토샵을 이용해 썸네일 세트를 만들고 모션을 넣어 생동감 주는 법을 배웁니다. 파일 확장자별 저장과 내보내기 방법에 대해서도 알아봅니다.

제작 단계에서는 먼저 멈춰있는 썸네일 세트를 제작하고 나서, 모션을 작업해줍니다. 필요한 예제는 QR코드로 제공됩니다.

제작 3단계

| 썸네일 만들기 | 모션 제작하기 | 저장과 내보내기 |

STEP 1 썸네일 만들기

플랫폼은 크게 두 유형으로 나뉩니다. 카카오와 밴드같이 샘플로 몇 가지만 우선 제안하고 승인이 되면 매니저와 함께 제작하는 플랫폼 유형이 있고, 오지큐마켓이나 라인처럼 처음부터 완벽한 세트를 만들어 바로 배포하는 플랫폼 유형이 있습니다. 기획 단계에서 정해둔 플랫폼의 유형에 따라 세트를 제작하면 됩니다. 작업은 프로크리에이트와 포토샵을 이용합니다. 프로크리에이트와 포토샵을 같이 사용하는 이유가 있습니다. 프로크리에이트 앱은 아직 개발이 덜 된 부분이 있는데, 그중에서 꼭 필요한 기능들도 있습니다. 그래서 스케치나 그림을 그리고 모션을 구현하는 작업까진 프로크리에이트에서 진행하고, 포토샵은 그림을 편집해서 부가적인 완성도를 높이는 용도로 사용합니다. 왜 두 가지 프로그램을 같이 써야 하는지 차차 이해될 거예요.

기획 단계에서 작업한 아이디어 스케치를 기반으로 썸네일 작업에 들어갑니다. 썸네일 작업은 아이패드 프로크리에이트 앱으로 작업합니다. 이미지의 사이즈는 제안할 플랫폼에 맞추어 작업해도 되고, 우선 크게 작업한 뒤 제안하고 싶은 플랫폼의 조건에 맞추어 조정해도 됩니다. 후자의 경우에는 포토샵으로 파일을 옮겨 사이즈를 조정하는 리사이징 과정이 필요합니다. 저는 전자의 과정으로 작업하고 있어서 리사이징 과정은 넣지 않았어요.

1. 아이디어를 스케치해요

아이디어 스케치는 플랫폼의 특징에 맞춰 멘트와 그림을 짜는 것으로 청사진을 그리는 단계입니다. 가장 처음으로 아이디어를 시각화하는 작업이기 때문에 중요하지만, 그렇다고 해서 각 잡고 엄청나게 잘 그릴 필요는 전혀 없습니다. 힘을 빼고 그리면서 나만 알아볼 수 있게 정리하면 됩니다. 손에 잡히는 가장 편한 그리기도구를 활용해서 편하게 작업하세요. 종이에 그리셔도 되고, 휴대폰에 그리셔도 되고, 아이패드에 그리셔도 되고요.

저는 보통 아이패드로 아이디어 스케치 작업을 해요. 스크린에 가득 차게 캔버스를 열어 자유롭게 아이디어 스케치를 합니다. 카카오 플랫폼에 제안할 예정이라면 대화를 염두에 두고 작업해야겠죠? 생각한 아이디어를 대화에서 쓸 수 있게 바꿔보면서 멘트를 적고, 멘트와 어울리는 그림을 그립니다. 겹치는 아이디어가 있는지, 이모티콘의 순서는 어떻게 하면 좋을지, 전체적으로 동작이나 멘트가 지루하진 않은지 체크합니다.

2. 썸네일을 스케치해요

아이디어 스케치를 참고하면서 스케치를 합니다. 이 스케치 그대로 이모티콘이 완성되기 때문에 형태감에 주의하며 그려요. 예전에는 스케치가 귀찮아서 무시했는데, 확실히 스케치가 있는 그림과 없는 그림의 퀄리티는 많이 달라지더라고요. 스케치를 잘해야 나중에 덜 힘들어요. 꼼꼼하게 스케치합시다!

> **Tip** 전체적인 캐릭터의 형태가 자주 틀어질 때는 캐릭터의 샘플 동작인 턴어라운드를 기준으로 그림을 그려주면 캐릭터의 전체적인 형태감을 유지하며 그리기 좋습니다. 샘플 동작을 복사해두고, 스케치를 그릴 때 붙여넣어 수정하듯 그려주면 비율을 맞춰 그리기 수월하답니다.

스케치 예제 파일을 불러와 보정 효과를 넣어보겠습니다. [조정] - [픽셀 유동화]를 사용해 보정할게요. 흔히 포토샵을 활용해 인물 사진을 보정할 때 자주 사용하는 기능인데, 프로크리에이트에서도 이 기능을 사용할 수 있답니다. [픽셀 유동화]를 누르면 하단에 여러 옵션이 뜹니다. '밀기' 기능을 활용해 튀어나온 부분을 살살 넣어주거나, 비어 보이는 부분을 살살 채워줍니다. 하단의 옵션을 이용해 브러시의 크기와 압력의 정도도 조정할 수 있어요. 적당한 크기와 압력으로 보정해주면 훨씬 예쁜 모양을 만들 수 있어요. 여러분이 혼자 스케치를 할 때에도 형태가 마음에 들지 않으면 픽셀 유동화나 이동도구를 활용해서 스케치를 보정해보세요.

3. 라인을 따요

스케치 정리가 끝나면 라인을 다시 예쁘게 그려줍니다. 라인용 레이어를 새로 추가해서 이모티콘으로 사용해줄 라인을 따줍니다. 라인용 레이어를 추가해야 하는 점, 잊지 마세요! 스케치 레이어가 너무 진해서 라인을 그리기 어려울 때는 스케치 레이어 우측의 N 버튼을 눌러 투명도를 조절할 수 있습니다. 라인으로 사용할 브러시 색상을 선택해주세요. 사용할 브러시도 선택합니다. 저는 주로 아이패드의 기본 브러시 '모노라인'을 사용해 스케치 라인을 그려요. 라인을 그릴 때 검은색보다는 검은색에 가까운 어두운 계열의 색상을 사용해주면 또 다른 매력을 느낄 수 있어요. 저는 모노라인 1pt로 작업해보았어요.

Tip 간단하게 화면을 확대, 축소, 회전할 수 있으니 몸을 돌려가며 그림을 그리지 말고, 화면을 돌리면서 작업하세요. 그림을 그릴 때 오른손잡이는 오른쪽으로, 왼손잡이는 왼쪽으로 치우치게 그릴 수 있습니다. 화면을 돌려가며 작업해주고, 중간중간 작게 줄여서 확인하면 이러한 현상을 조금이나마 막을 수 있답니다. 또 레이어 기능이 익숙하지 않은 분들은 각각의 용도에 맞게 이름을 붙여주면 훨씬 작업이 수월할 거예요.

4. 채색을 해요

라인을 다 그렸다면 색을 칠해줍니다. 채색용 레이어도 새로 추가해서 작업할 게요. 색상 탭에서 나만의 팔레트를 만들어놓고 플로팅해서 작업하면 색상 탭을 껐다 켰다 하지 않아도 되기 때문에 작업 효율이 좋아요. 채색 컬러가 흰색이거나 너무 연해서 작업하기 어려울 때는 배경 레이어의 색상을 어둡게 바꿔가며 작업하면 됩니다. 저는 흰색과 핑크를 사용해서 채색해볼 건데요. 배경이 흰색이다 보니 채색을 하기가 어렵지요. 이런 경우 배경 레이어를 수정해주면 작업이 한결 쉬워진답니다. 레이어 메뉴를 켜서 배경 레이어의 썸네일을 누르면 배경 레이어 자체의 색상을 바꿀 수 있습니다. 배경색을 아예 없애면 어두운 계열의 라인 레이어도 잘 보이지 않으니까 되도록 계획 중인 컬러와 겹치지 않는 색상으로 설정해줍니다. 저는 연두 계열의 색상으로 만들어줬어요. 색을 칠할 때는 그냥 슥슥 그리듯이 칠하지 마시고, 색을 부어서 칠해주는 기능을 사용하세요. 한 가지 팁을 드리면 채색할 때 라인 레이어에 투명도를 살짝 준 상태로 칠해주면 빈틈없이 꼼꼼하게 체크하며 칠하기에 좋습니다. 꼼꼼하게 채색해준 뒤, 라인 레이어의 투명도를 원상 복귀하면 채색 완성입니다. 색상을 칠할 준비가 다 되었다면 채색을 하겠습니다.

Tip 채색 레이어를 너무 많이 만들 필요는 없어요. 레이어의 개수는 정해진 부분이 아니기 때문에 자유롭게 추가하면 되지만, 레이어가 너무 많아지면 작업이 복잡해져서 저는 최대한 적은 레이어를 사용하면서 작업하고 있습니다. 다만 채색을 할 때는 스케치 레이어나 라인 레이어와는 분리해서 칠해야 수정이 쉬워지니, 꼭 레이어를 분리해주세요. 그리고 라인 레이어보다는 하위로 가도록 레이어의 순서를 바꿔줍니다. 색상 레이어로 잘 선택되었는지 다시 한번 체크해보고 작업합니다.

5. 클리핑 마스크로 특정 효과를 줘요

이왕 그리는 거, 클리핑 마스크 기능을 활용해서 볼터치도 추가해볼게요. 볼터치를 표현하기 위해 새로운 레이어를 추가할 거예요. 레이어를 추가하는 이유는 수정의 편리함을 위한 것도 있지만, 레이어에 특정한 효과를 주기 위함이기도 합니다. 추가한 레이어의 이름을 변경해주세요. 레이어에 볼터치를 표현하기 위해 에어 브러시로 볼을 표현해줬어요. 그런데 볼터치를 표현하다 보면 튀어나오는 부분이 있죠. 이런 부분은 지우개로 일일이 지우는 것보다 클리핑 마스크 기능을 사용하는 것이 훨씬 편하고 간단해요. 먼저 레이어 메뉴를 열어봅시다. 이때 볼터치 레이어와 채색 레이어의 상하위 순서에 유의해주세요. 채색 레이어 바로 위에 볼터치 레이어를 위치하게 만드세요. 그리고 볼터치 레이어의 썸네일을 한 번 터치하면 여러 메뉴가 나옵니다. 이 중에서 [클리핑 마스크]를 눌러주면 썸네일 앞에 조그맣게 화살표가 생기면서 하단의 레이어에 쏙 들어간 느낌의 표현이 된답니다.

> **Tip** 기준 레이어가 '액자'의 느낌이 되어서 그 위에 클리핑 마스크 효과를 넣은 레이어에는 무엇을 그려도 기준 레이어의 범위를 벗어나지 않는 모습으로 표현됩니다. 그래서 클리핑 마스크는 레이어의 상하위 순서가 굉장히 중요합니다. 클리핑 마스크 기능은 여러 상황에서 사용할 수 있으니, 많이 연습하고 응용해보세요!

6. 썸네일 레이어 그룹을 정리해요

완성된 레이어는 그룹으로 묶어서 정리하겠습니다. 레이어 메뉴를 열어서 모든 레이어를 선택해주세요. 레이어를 선택하고 상단의 [그룹]을 누르면 한 개의 그룹으로 싹 묶입니다. 레이어를 그룹으로 묶어두면 그룹별로 이동, 복사, 회전도 가능하고, 레이어 그룹 전체를 껐다 켜는 등의 조작도 가능해집니다. 앞으로 이모티콘을 제작할 때는 레이어의 관리가 복잡해질 수 있어요. 레이어의 관리를 쉽게 해주는 그룹 기능을 꼭 기억해주세요.

> **Tip** 두 개 이상의 레이어를 선택하는 방법은 선택되지 않은 레이어를 왼쪽에서 오른쪽으로 슬라이드 하는 것입니다.

이렇게 하나의 썸네일을 완성했어요! 이모티콘을 제안하기 위해서는 더 많은 썸네일을 제작해야겠죠? 썸네일은 새로운 종이를 만들지 말고, 같은 파일 내에 레이어를 추가해 그룹으로 차곡차곡 모아두세요.

STEP 2 모션 제작하기

본격적으로 [애니메이션 어시스트] 기능을 활용해 움직이는 이모티콘을 제작해 볼게요. 여러분이 생각했던 모션에 대한 허들이 머리 위에 있었다면 이 내용을 읽은 후에는 발목까지 확 내려갈 거예요! 애니메이션을 만드는 것에 부담을 느껴서 막연하게 어렵다고만 생각하는 분이 많습니다. 저도 애니메이팅을 처음 시작할 때 모션을 어떻게 구현해야 할지 감이 전혀 잡히지 않아 막막했어요. 그런데 어떤 한 가지 비밀을 알게 된 후 애니메이팅이 생각보다 어렵지 않고, 간단한 방법으로도 꽤 그럴 듯한 움직임을 구현할 수 있다는 것을 알게 되었습니다. 우리가 사용할 애니메이션의 원리를 짚고 넘어갈게요. 이모티콘에서 사용하고 있는 애니메이션 기법은 **'셀 애니메이션(Cel Animation)'**입니다. 플립북(Flipbook)을 떠올려보면 이해가 쉬울 것 같아요. 어렸을 적 교과서 구석에 그려서 촤라락 넘겨보았던 졸라맨 낙서 기억하나요? 졸라맨이 움직이는 것처럼 보였던 그 원리가 바로 셀 애니메이션이라고 생각하면 됩니다. 별로 그린 것도 없는데, 뭔가 있어 보이던 그 낙서, 그 원리를 떠올리면서 제작해볼게요.

모션은 프레임이 두 개만 있어도 충분히 만들 수 있어요. 이번 장에서는 프레임 하나를 시작으로 그림을 그려볼 거예요. 중심이 되는 주인공 프레임을 '키 프레임'이라고 합니다. 썸네일, 중요한 프레임, 대표 프레임 모두 비슷한 의미라고 생각하면 됩니다. 키 프레임(Key Frame)을 네이버 지식 백과에 검색하면 '하나의 애니메이션 동작의 시작 프레임과 끝 프레임'이라고 어려운 말로 적혀있는데요. 쉽게 말하면 우리가 만들 동작을 멈추었을 때 바로 구분할 수 있는 대표 프레임이라고 생각하면 됩니다. 보통 작업의 순서는 멈춰있는 전체 썸네일을 먼저 다 제작하고 그중 3개를 골라 움직임을 추가하는 식입니다. 멈춰있는 썸네일을 키 프레임 삼아 작업합니다. 먼저, 썸네일이 만들어진 상태에서 이제 모션 제작에 들어갑니다. 모션은 썸네일을 중심으로 만들어줍니다.

> **Tip** 카카오 이모티콘에 제안하는 경우에는 3종의 모션만 제작하면 되고 오지큐마켓의 경우에는 모두 움직이게 만들어서 제안합니다. 플랫폼별로 제출해야 하는 개수가 다르니 먼저 체크해주세요! 멈춰있는 이모티콘만 제작한다면 이 과정은 패스하셔도 됩니다.

모션 작업을 할 때는 개별 파일이 있어야 작업이 수월합니다. 썸네일은 하나의 파일에서 작업했다면 작업한 썸네일 레이어를 새로운 파일에 옮겨서 작업하면 됩니다. 먼저 썸네일을 만들었던 캔버스에서 라인 레이어를 복사한 뒤 갤러리로 나와주세요. 새 캔버스를 만들어 복제한 레이어를 붙여넣습니다. 마찬가지로 면 레이어도 복사한 뒤 새 캔버스 파일로 넘어와서 붙여넣어 주세요. 레이어 복사는 단일 레이어만 가능하기 때문에 하나하나 복사해서 붙여넣어야 됩니다. 그러면 새 캔버스에 두 레이어(라인 레이어와 면 레이어)가 생긴 상태죠. 혼동이 오지 않게 그룹으로 묶어 정리해두겠습니다.

이전에 만들어놓은 썸네일로 손 흔드는 모션을 만들어볼 거예요.

1. 모션을 스케치해요

가장 먼저 사용할 레이어는 라인 레이어뿐입니다. 해당 레이어만 끌어서 그룹 밖으로 꺼내볼게요. 라인 레이어를 제외한 나머지 레이어는 헷갈리지 않도록 모두 잠깐 꺼두겠습니다. 그룹 밖으로 꺼낸 라인 레이어가 썸네일이니까 이 썸네일을 기준으로 움직임을 만들게요.

이제 애니메이션 어시스트를 열어줄게요. [동작] - [캔버스] - [애니메이션 어시스트]를 선택하면 됩니다. 애니메이션 어시스트를 열면 화면의 아래쪽에 긴 프레임 바가 생깁니다. 레이어를 열어보면 켜져 있는 레이어가 라인 레이어뿐이기 때문에 애니메이션 어시스트에도 하나의 프레임만 보이는 거예요.

Tip 애니메이션에서는 각 장면을 '프레임'이라고 불러요. 애니메이션 어시스트에 있는 칸 하나를 '프레임'이라고 하고, 레이어 탭에 있는 한 줄은 '레이어'라고 하는데, 프로크리에이트에서는 자동으로 켜져 있는 레이어가 곧 프레임으로 재생됩니다.

프레임을 터치한 후 [복제]를 눌러 프레임을 복사해줍니다. 그럼 똑같은 프레임이 복사되고, 레이어를 열어보면 똑같은 레이어가 복제되었다는 걸 확인할 수 있습니다.

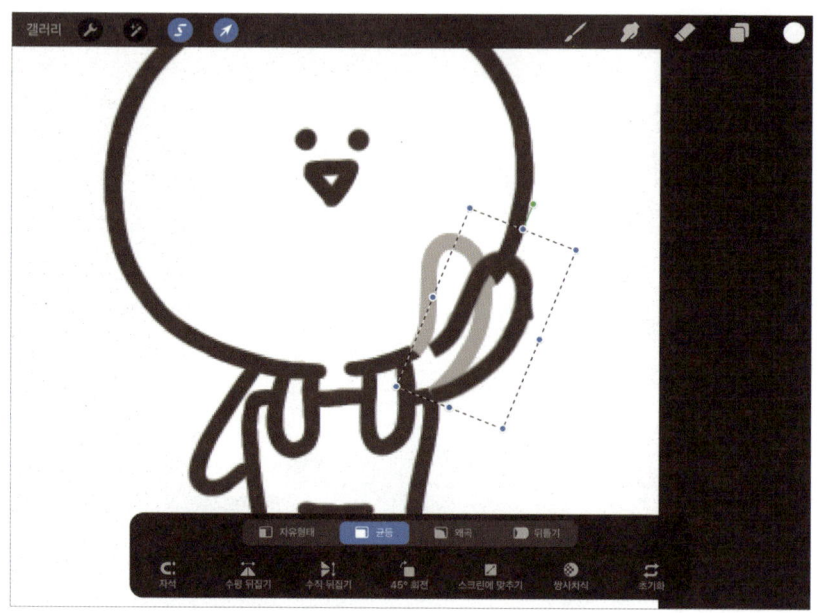

두 번째 레이어에 변화를 줄게요. 팔 부분을 올가미도구로 선택해줍니다. 그리고 화살표도구로 회전시킵니다. 회전해서 생기는 빈 부분은 브러시로 다시 이어서 그려주세요.

재생해보면서 어시스트 바의 [설정]을 눌러 초당 프레임을 좌우로 조절해볼게요. 타이밍이 조절되는 것이 보이지요? 1초당 몇 개의 프레임(레이어)가 반복되느냐를 선택하는 거예요. 왼쪽으로 갈수록 속도가 느려지고, 오른쪽으로 갈수록 속도가 빨라집니다. 적당한 속도를 맞춰볼게요.

사실 이 두 프레임만으로 끝내도 괜찮은데, 중간 프레임을 하나 더 넣어서 조금 더 부드러운 느낌을 만들어줄게요. 사이에 프레임을 만들 것이기 때문에 첫 번째 프레임을 선택해서 복제해줍니다. 그럼 프레임과 프레임 사이에 새로운 중간 프레임이 생겨요. 복제한 중간 프레임을 위의 방법과 같이 올가미도구로 선택한 후 회전해서 팔의 위치를 만져줍니다. 어니언 스킨 프레임이 켜져 있어서 앞뒤 레이어가 모두 보이는 상태랍니다. 앞뒤 프레임의 투명도가 너무 진하다면 설정을 눌러서 양파 껍질 불투명도를 조절해 투명도를 조절해 주세요.

손을 흔들 때 왔다 갔다 움직이는 느낌을 표현하기 위해 어시스트의 설정 창에서 [루프]를 [핑퐁]으로 바꾸었습니다. 느낌이 어떤가요?

2. 모션 라인을 따요

자, 모션 스케치가 끝났다면 이제 예쁘게 선을 다듬어줄게요. 이 과정이 귀찮아서 스케치만으로 모션을 끝내는 경우도 많아요. 그렇지만 귀찮음을 무릅쓰고 이 과정을 거치고 나면 훨씬 완성도 높은 움직임을 완성할 수 있을 거예요!

새로운 레이어를 추가해 선을 그릴 거라서 애니메이션 어시스트를 잠깐 끌게요. 레이어와 프레임이 동시에 생기고 없어지기 때문에 이때는 오히려 어시스트 기능이 더 헷갈릴 수 있어요.

> **Tip** 레이어를 추가하는 등 레이어 관련 작업을 할 때는 애니메이션 어시스트를 잠깐 끄고 작업해주면 작업할 때 덜 헷갈려요! 프로크리에이트가 아직 익숙하지 않은 분들께 추천합니다.

스케치를 대고 하나하나 그려줄 거예요. 레이어를 열어 선을 딸 레이어만 켭니다. 선을 따려고 보니 스케치의 선이 너무 진해서 그릴 수가 없죠. 스케치 레이어의 N 버튼을 눌러 불투명도를 조절해줍니다.

라인을 그릴 레이어를 추가하세요. 헷갈릴 수 있으니까 라인을 그릴 레이어의 이름을 변경해줄게요. 해당 레이어를 선택하고, 최대한 스케치와 똑같이 라인을 예쁘게 그려줍니다. 스케치에서 너무 벗어나게 라인을 그리면 새로운 애니메이션이 되어버릴 수도 있어요. 첫 번째 스케치 레이어의 라인을 다 그렸다면 다음 스케치도 똑같은 과정을 반복해서 라인을 새롭게 그려주세요.

라인이 모두 깔끔하게 그려졌다면 재생할 라인 레이어 3개만 켜고, 다시 애니메이션 어시스트를 켜줍니다. 그리고 재생을 눌러서 움직임을 확인해볼게요. 훨씬 생동감 있고 깔끔한 움직임이 되었지요. 조금 귀찮더라도 고정되어있는 장면까지 하나하나 선을 그려주면 모션이 더 역동적으로 느껴집니다.

한 걸음 더
애니메이션 어시스트바 자세히 보기

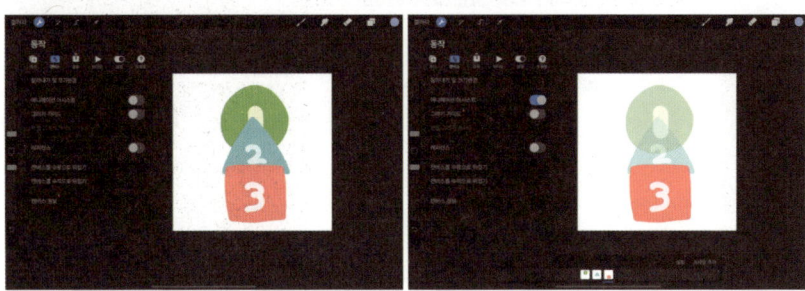

프로크리에이트에서 움직임을 구현할 수 있는 기능인 애니메이션 어시스트에 대해 다뤄보겠습니다. 프로크리에이트5부터 애니메이션 어시스트 기능이 생겼습니다. 애니메이션 어시스트 기능에는 초당 프레임 설정, 어니언 스킨, 주 프레임 혼합과 보조 프레임 채색 설정, 원샷/루프/핑퐁 설정, 전경과 배경 설정, 유지 지속 시간 설정이 있습니다. 먼저, [동작] - [캔버스] - [애니메이션 어시스트]를 켜서 기능을 살펴보겠습니다.

애니메이션 어시스트 바

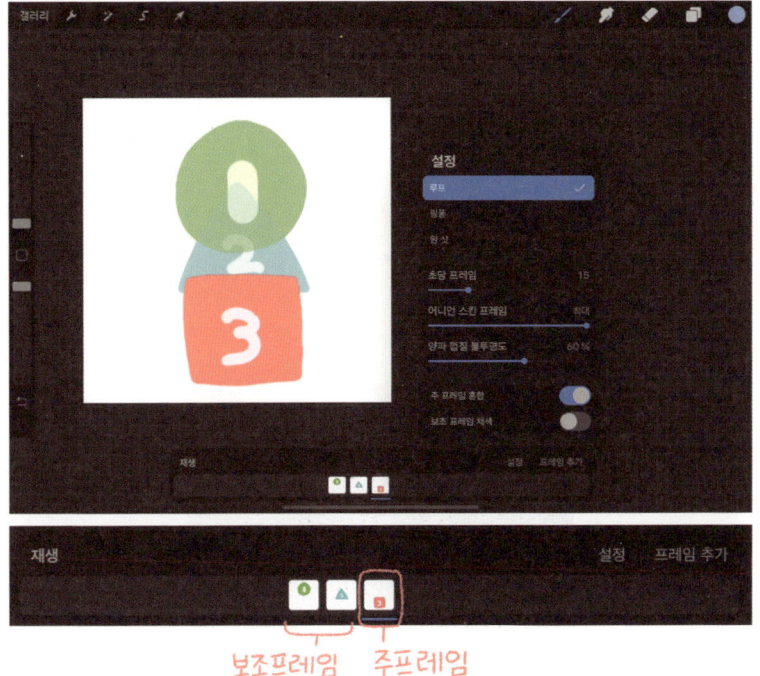

애니메이션 어시스트 기능을 켜면 화면 하단에 바가 생긴 것을 확인할 수 있습니다. 이 바에서는 프레임을 하나하나 세부적으로 볼 수 있어요. 레이어를 뉘어놓은 개념이라고 생각하면 됩니다. 각 프레임을 눌러보면 해당 프레임을 제외한 나머지 프레임에는 투명도가 생깁니다. 이렇게 주 프레임과 보조 프레임을 확실하게 구분할 수 있습니다. 그리고 애니메이션 어시스트 바의 왼쪽에 위치한 [재생]을 누르면 애니메이션을 재생하면서 작업을 할 수 있어요.

Tip 현재 보고 있는 프레임을 '주 프레임', 그 이외의 프레임을 '보조 프레임'이라고 불러요. 주 프레임의 하단에는 파란색 바가 생깁니다.

초당 프레임 설정

재생되고 있는 상태에서 [설정]을 누르면 초당 프레임을 볼 수 있습니다. 초당 프레임은 1초에 몇 개의 프레임이 반복되는지를 의미합니다. 초당 프레임을 조정하면 애니메이션의 속도를 바꿔줄 수 있어요. 숫자가 작아질수록 속도가 느려지고, 숫자가 커질수록 속도가 빨라집니다.

어니언 스킨

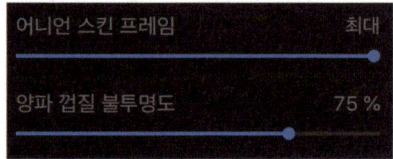

애니메이션 어시스트를 켜면 자동으로 생기는 기능이 있습니다. 바로 '어니언 스킨(Onion Skin)'이라는 기능인데요. 어니언 스킨 기능이란, 애니메이션 어시스트의 셀을 비교하면서 제작할 수 있게 도와주는 기능입니다. 양파 껍질처럼 겹겹이 쌓여 이루어져 있습니다. '어니언 스킨'과 '양파 껍질'은 같은 뜻인데 영어 번역이 이렇게 들어가 있어서 헷갈릴 수 있어요. 같은 말이라고 생각하면 됩니다.

[설정]을 누른 상태에서 어니언 스킨 프레임을 확인할 수 있습니다. 어니언 스킨 프레임을 조절하면 주 프레임을 기준으로 보조 프레임의 개수를 조정할 수 있어요. 즉 몇 개의 보조 프레임을 보면서 그릴 것인가에 대한 말인데, 보조 프

레임이 너무 많으면 헷갈리겠죠. 저는 보통 1~2개 사이로 두고 작업합니다. 양파 껍질 불투명도는 전후 프레임의 투명도를 조정하는 것입니다. 주 프레임을 제외한 나머지 프레임의 투명도를 조정할 때 사용하면 됩니다. 너무 진해지면 어떤 프레임이 주 프레임인지 헷갈리겠지요.

주 프레임 혼합은 주 프레임과 나머지 보조 프레임을 겹쳐서 보여줄 것인지를 선택할 수 있는 옵션이에요. 주 프레임 혼합 옵션이 켜지면 모든 프레임의 색상이 섞인 듯 겹쳐서 보여집니다. 색이 모두 칠해진 애니메이션 작업을 할 때 사용하면 좋습니다.

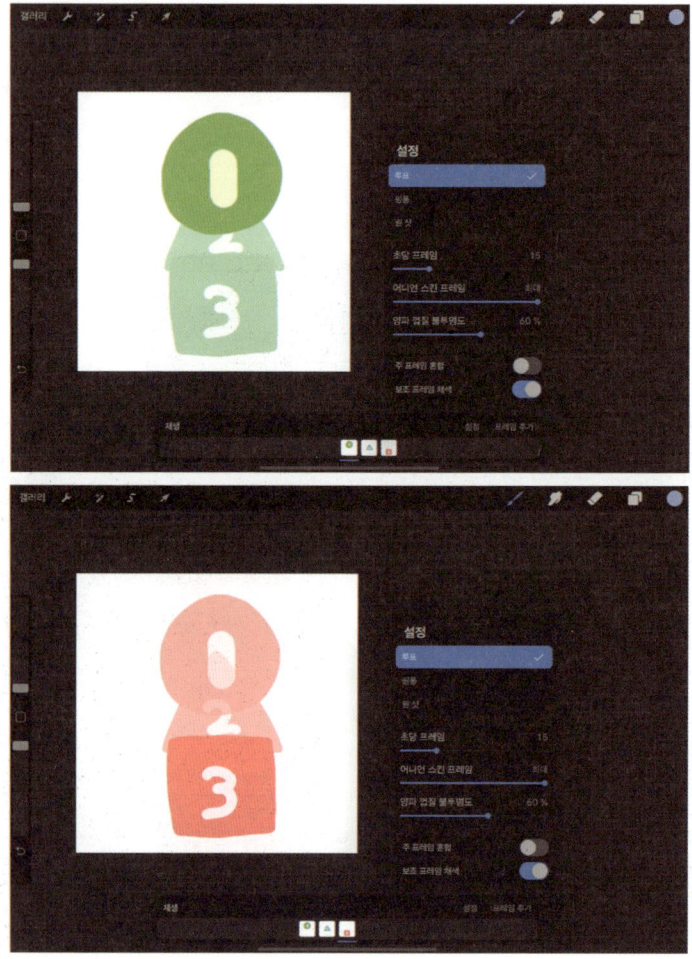

보조 프레임 채색은 내가 보고 있는 프레임과 나머지 보조 프레임의 색을 일괄적으로 같은 색상으로 표시해주는 옵션입니다. 주 프레임을 기준으로 이전 프레임들은 레드 계열, 이후 프레임은 그린 계열로 표현됩니다.

원샷/루프/핑퐁 설정

원샷/루프/핑퐁은 애니메이션이 재생되는 방법입니다. 각각 한 번 재생되느냐, 영원히 반복되느냐, 부메랑처럼 왔다 갔다 재생되느냐를 선택

할 수 있는 옵션입니다. 저는 주로 기본 설정인 루프 옵션에 맞춰둡니다.

전경과 배경 설정

애니메이션 어시스트 기능을 사용하면 반복되는 특정한 프레임(레이어)을 고정해서 연출할 수 있습니다. 맨 앞 프레임과 맨 뒤 프레임에 한해 배경과 전경으로 설정할 수 있습니다. 배경과 전경으로 설정한 해당 프레임은 애니메이션으로 재생되지 않고 모든 애니메이션에 고정된 채 재생됩니다.

맨 앞 프레임을 터치하면 상단에 옵션이 뜨는데, 여기에서 배경의 토글을 켜주세요. 똑같이 맨 뒤 프레임도 전경의 토글을 켜줍니다. 그리고 재생 버튼을 눌러서 재생해보면 배경과 전경으로 설정한 프레임은 고정이 된 채로 나머지 프레임만 재생되는 걸 확인할 수 있습니다.

유지 지속 시간 설정

프로크리에이트는 1초당 프레임을 반복하는 방법을 사용하기 때문에 모든 프레임이 등속으로 재생됩니다. 그런데 특정한 프레임만 고정해서 긴 시간 같은 프레임을 유지하고 싶을 경우 사용할 수 있는 기능이 생겼습니다.

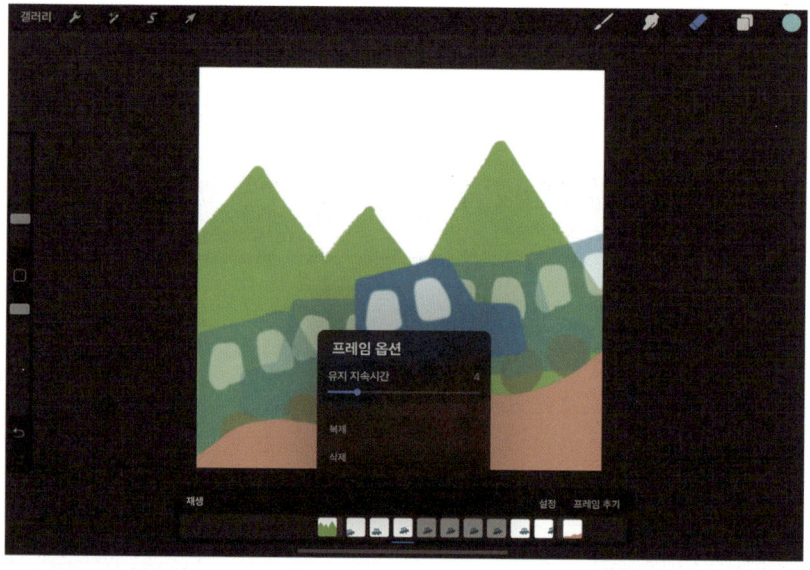

고정하고 싶은 프레임을 터치하면 상단에 '유지 지속 시간'이라는 옵션이 생깁니다. 바를 조정해주면 고정하는 타이밍이 늘어나면서 동시에 어시스트 바

에도 반투명한 바가 생깁니다. 재생해보면 고정된 타이밍만큼 고정되어 재생되는 걸 확인할 수 있습니다. 애니메이션 어시스트에서 적용한 기능은 그대로 내보내기 할 수 있습니다.

> **Tip** [동작] - [공유] - [움직이는 GIF]를 누르면 뜨는 타이밍이 곧 애니메이션 어시스트에서 설정한 타이밍입니다. [내보내기] 후 원하는 옵션으로 저장해보세요.

움직임에 효과를 주는 방법

간단한 예제로 움직임 효과에 대해 알아볼게요. 동그라미가 바닥에 뚝뚝 떨어지는 모션을 그려볼게요.

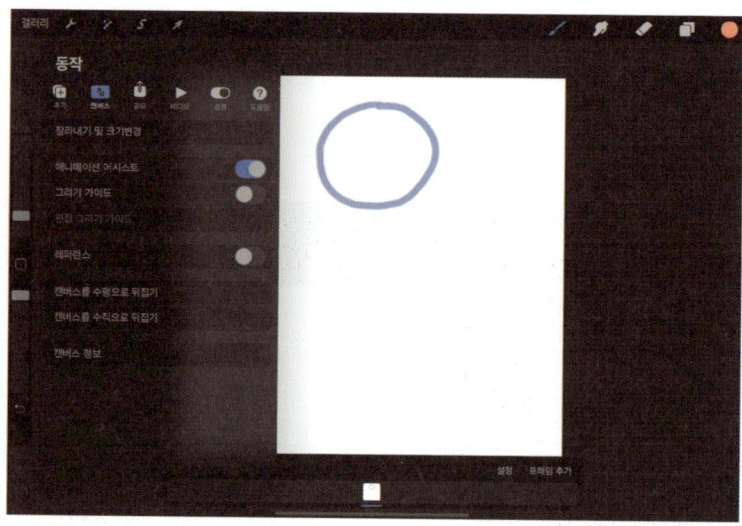

캔버스에 동그라미를 그려주세요. 동그라미가 움직이길 바란다면 애니메이션 어시스트를 켜줍니다. [동작] - [캔버스] - [애니메이션 어시스트]를 켜서 애니메이션 바를 열어주세요.

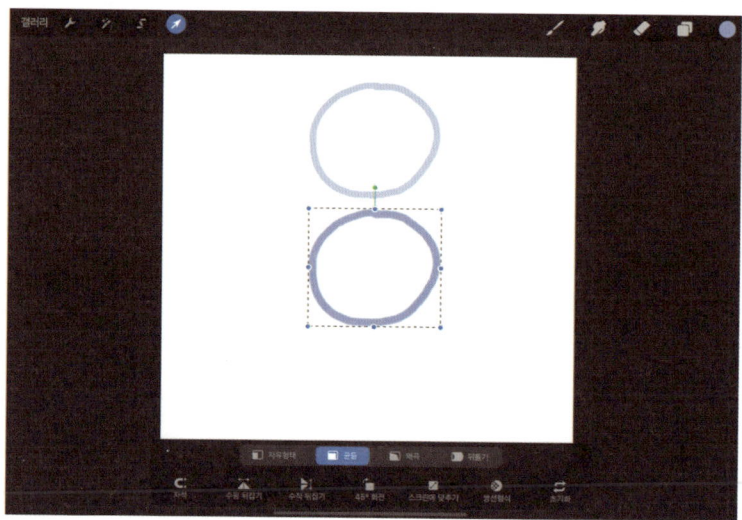

프레임을 복제해 다음 장면을 만들어줍니다. 다음 장면은 떨어져야 하니, 아래로 내려주어야겠죠. 화살표도구를 사용해 위치 이동을 해주세요.

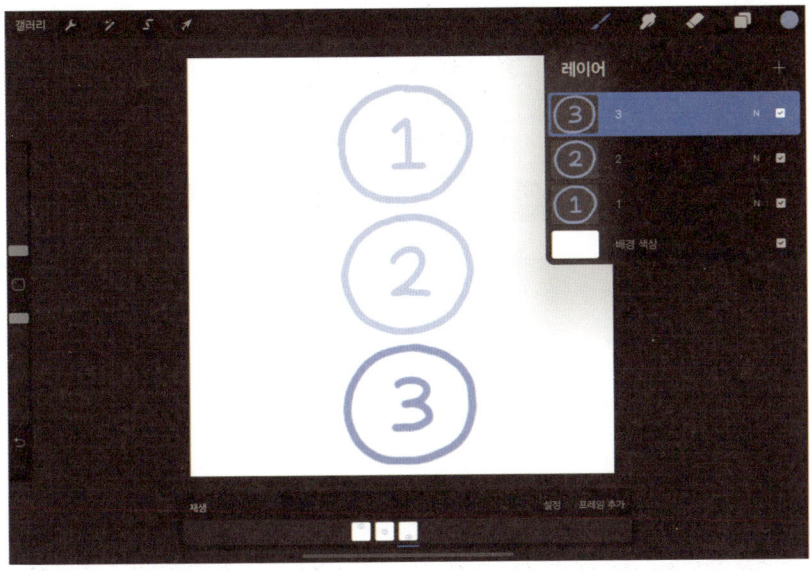

총 3개의 프레임을 만들고 직관적으로 보기 위해 각 프레임의 동그라미에 숫자를 써서 표시해줄게요. 1번 프레임에는 ①, 2번 프레임에는 ②, 3번 프레임에는 ③이라고 그려주겠습니다. 레이어를 눌러 순서를 확인해볼게요. 모션이 구현되는 순서는 레이어의 하단부터 상단의 순서입니다.

> **Tip** 프로크리에이트에서는 레이어의 개수가 곧 프레임의 개수가 됩니다. 애니메이션 어시스트의 설정창에서 초당 프레임으로 적당한 타이밍을 조절해보세요. 1초당 프레임을 몇 번 반복할지 정하는 게 프로크리에이트에서의 속도 조정 방법입니다. 초당 프레임 바에서 왼쪽으로 갈수록 타이밍은 느려지고, 반대로 오른쪽으로 가면 타이밍이 빨라집니다.

효과선 효과

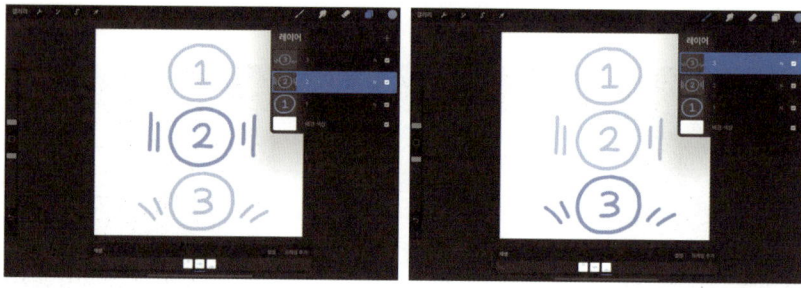

모션을 풍부하게 만들어주는 효과선을 활용해보겠습니다. ②는 떨어지고 있으니까 위에서 아래 방향으로 내려오는 듯한 표현을 넣어볼게요. 이어서 ③도 바닥에 떨어진 듯한 효과선을 그려주고 움직임을 확인해보세요.

흐림 효과

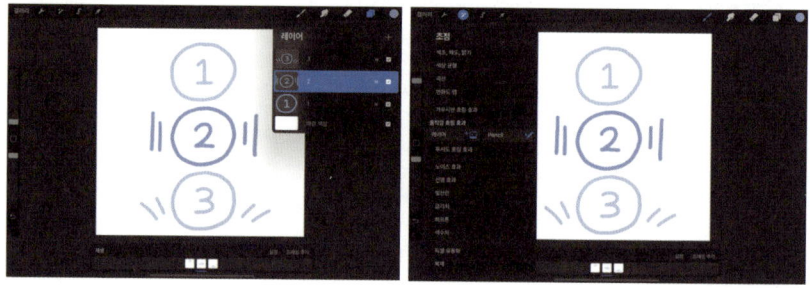

이번에는 흐림 효과를 활용해 조금 더 다이내믹한 표현을 만들어볼게요. 2번 레이어가 떨어지고 있는 중이니, [조정] - [움직임 흐림 효과]로 움직이는 잔상을 표현해주겠습니다. 바닥으로 떨어지고 있으니까 방향을 아래쪽으로 슬라이드 해서 잔상을 만들어주었어요. 애니메이션 어시스트 바에서 움직임을 확인해볼게요. 여기서 자연스럽게 잔상 효과가 생기는 이유는 속도 때문입니다.

초당 프레임을 10초 미만으로 지정했다면 속도가 느려서 효과가 없을 텐데, 10 ~ 15초로 지정하면 자연스럽게 팍팍 떨어지는 느낌이 있을 거예요.

> **Tip** '잔상'이라는 개념 자체가 속도감이 있어야만 생길 수 있는 개념이기 때문입니다. 물론 프레임을 엄청 많이 그려놓고 속도를 빠르게 하면 이렇게 흐림 효과를 사용하지 않아도 되지만, 프레임을 많이 그리면 지치잖아요. 이렇게 잔머리를 써서 짧지만 강한 효과를 만들어낼 수 있답니다.

 **흐림 효과 알아보기**

모션을 줄 때 흐림 효과를 사용하면 다이내믹한 표현을 할 수 있어요. 우리가 사용할 효과는 [조정] - [흐림 효과]입니다. 흐림 효과에는 가우시안 흐림 효과, 움직임 흐림 효과, 투시도 흐림 효과 이렇게 3가지가 있어요.

가우시안 흐림 효과

가우시안 흐림 효과는 우리가 상상하는 가장 일반적인 블러 효과라고 생각하면 됩니다. [조정] - [가우시안 흐림 효과]를 누르면 상단에 '슬라이드하여 조정'이라고 작은 글씨로 가이드가 나와요. 캔버스에 대고 슬라이드해주면 흐림 효과가 생깁니다. 흐림 효과를 준 뒤 조정 버튼을 다시 한 번 눌러주면 효과가 적용됩니다.

움직임 흐림 효과

움직임 흐림 효과는 방향성이 있는 블러 효과예요. 잔상을 만들어줄 때 사용하면 효과가 좋아요. [조정] - [움직임 흐림 효과]를 누르면 마찬가지로 상단에 '슬라이드하여 조정'이라고 작은 글씨로 가이드됩니다. 캔버스에 대고 슬라이드해주면 흐림 효과가 생깁니다. 움직임 흐림 효과는 '방향'이 추가된 개념이기 때문에 팍팍 움직이는 흐림 효과를 적용할 수 있습니다. 흐림 효과를 준 뒤 조정 버튼을 다시 한 번 눌러주면 효과가 적용됩니다.

투시도 흐림 효과

투시도 흐림 효과는 투시 효과가 있는 블러 효과예요. [조정] - [투시도 흐림 효과]를 눌러볼게요. 그럼 캔버스의 중간에 회색 동그라미가 생기고, 상단에 '슬라이드하여 조정'이라고 작은 글씨로 가이드되고 있어요. 캔버스에 대고 슬라이드해주면 동그라미 점을 중심으로 투시되며 흐림 효과가 생깁니다. 회색 동그라미를 이동해주면 중심점도 변경됩니다. 흐림 효과를 준 뒤, 조정 버튼을 다시 한 번 눌러주면 효과가 적용됩니다.

텍스트 추가

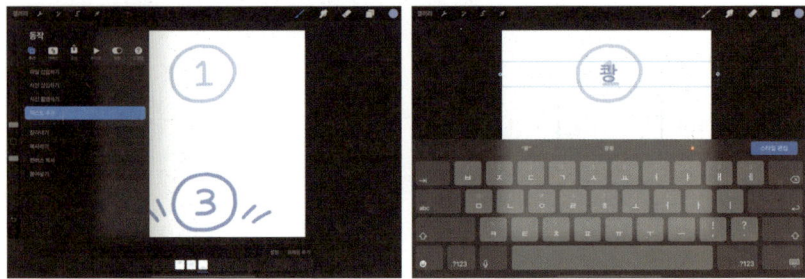

3번 프레임에 '쾅'이라는 글자가 나오게 연출해볼게요. [동작] - [텍스트 추가]로 텍스트도 삽입할 수 있습니다. 텍스트 추가 창이 뜨면 글자를 타이핑합니다. 텍스트를 수정하고 싶다면 해당 텍스트를 다시 터치해서 수정할 수 있습니다.

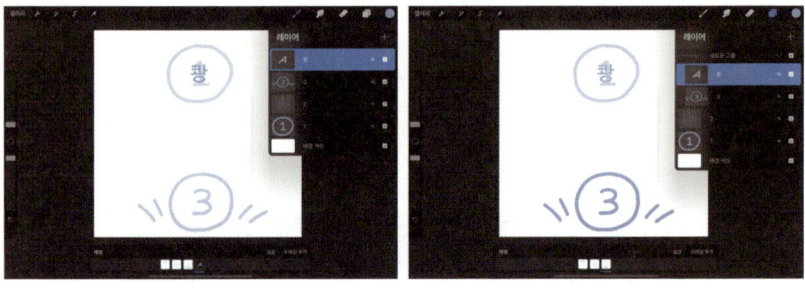

텍스트를 추가한 상태에서 움직임을 확인해볼게요. 그러면 ①-②-③-'쾅'으로 재생되는 모습이 확인됩니다. ①-②-(③+'쾅')으로 재생되지 않는 이유가 있습니다. 레이어가 곧 프레임으로 환산되어 재생되는데, 모두 단일 레이어로 되어 있으니까 ①-②-③-'쾅'으로 재생되는 겁니다. 그럼 ③과 '쾅'이 같이 재생되게 하려면 어떻게 해야 할까요? 바로 그룹으로 만들어주면 됩니다. 그룹으로 지정해주고 프레임을 확인해보면, 4개의 프레임이 아닌 3개의 프레임으로 바뀐 것이 확인되지요. 움직임을 확인해볼게요. 이제는 ①-②-(③+'쾅')으로 재생됩니다.

> 유지 지속 시간

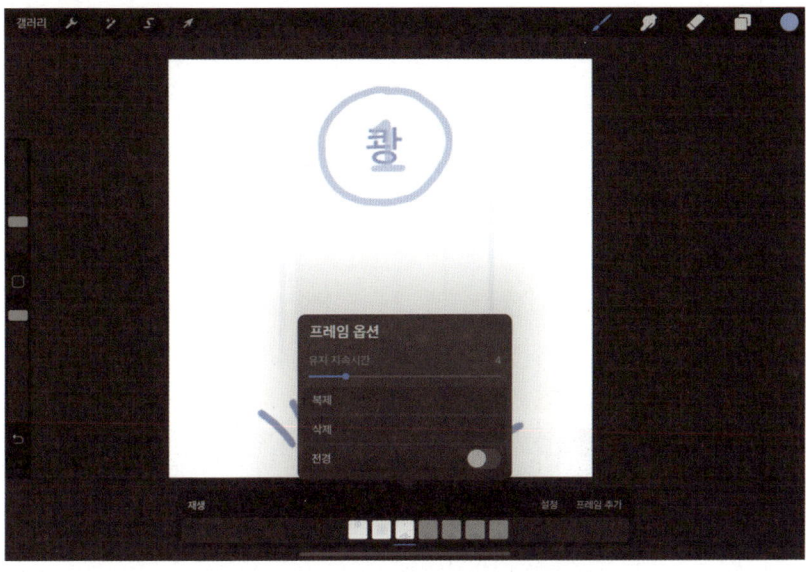

마지막 프레임이 오래 고정되어있으면 툭 떨어진 느낌이 들 텐데, 너무 순식간에 움직이다 보니 통통 점프하는 느낌이 있죠. 3번째 프레임을 선택해 유지 지속 시간을 길게 줄게요. 그리고 재생해보면서 속도감이 괜찮다고 느껴지는 순간에 저장합니다.

프로크리에이트에서 움직임에 효과를 주는 방법을 알아봤다면 이번에는 같은 기능을 포토샵에서 어떻게 다루는지 알아보겠습니다.

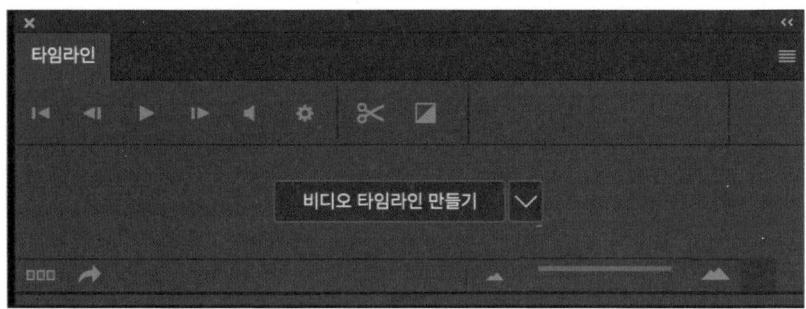

본격적으로 타임라인 패널을 사용해 모션을 넣어줄게요. 타임라인 패널에서 [비디오 타임라인 만들기]를 눌러준 뒤, 왼쪽 하단의 [■■■]를 눌러주세요.

그럼 프레임을 제작할 수 있는 방식으로 변환됩니다. 타임라인 기능은 CS6 extended 이상 버전부터 사용할 수 있는 기능입니다. 타임라인 패널이 없다면, 상위 버전 포토샵을 설치해주세요.

프레임과 레이어의 싱크 맞추기

프로크리에이트에서는 레이어가 자동으로 프레임으로 환산되어서 따로 애니메이션을 지정할 필요가 없었는데요. 포토샵에서는 각 프레임당 어떤 레이어를 켤지 수동으로 설정해야 합니다. 해당하는 장면(프레임)마다 어떤 레이어가 켜져야 하는지 생각하면 어렵지 않습니다. 1번 프레임에는 1번 레이어만, 2번 프레임에는 2번 레이어만, 3번 프레임에는 3번 레이어만 켜져 있으면 되겠지요. 우선 타임라인 패널에는 1번 프레임이 기본으로 켜져 있습니다. 레이어 1번을 맞춰 켜주세요. 이때 Alt를 누른 상태에서 켜고 싶은 레이어의 눈을 함께 눌러주면 해당하는 레이어만 켜지고, 이외의 레이어는 꺼집니다. 그리고

2번 프레임은 타임라인 하단의 + 버튼을 눌러 새로 생성해야 합니다. 2번 프레임이 생기면 2번 레이어의 눈을 Alt를 누르며 켜주세요. 3번 프레임도 마찬가지입니다. 타임라인 하단의 + 버튼으로 프레임을 추가하고, 해당 3번 레이어만 켜주면 됩니다. 3번 레이어는 그룹으로 되어있으니, 그룹의 눈을 껐다가 켜주면 하위의 레이어도 같이 꺼지고 켜집니다. 각 프레임을 하나하나 눌러보면 해당하는 레이어가 프레임에 맞추어 꺼지고 켜지는 것을 확인할 수 있어요.

프레임 타이밍

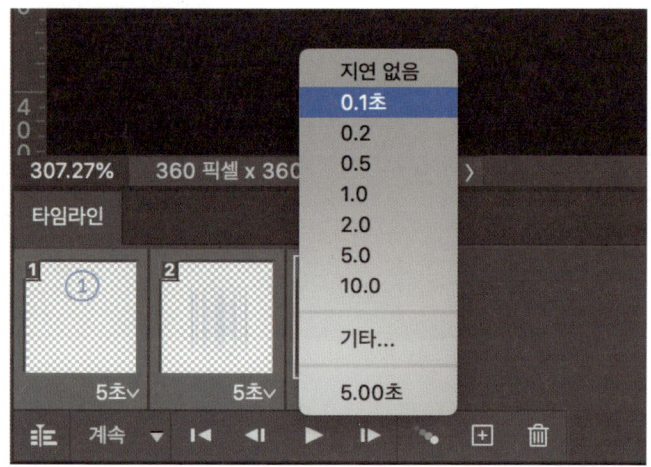

타임라인의 하단을 보면 프레임의 하단에 'N초'라고 표시되어있는 게 보입니다. 이 프레임을 몇 초 동안 재생할지 설정해주는 창입니다. N초 옆의 화살표를 누르면 타이밍을 변경할 수 있습니다. 하나하나 눌러서 타이밍을 바꿔도 되지만, 한 번에 선택하고 타이밍을 바꾸면 훨씬 쉽겠죠. 1번부터 3번까지 모두 선택하고 싶다면 1번 프레임을 선택하고 Shift를 누르며 3번 버튼을 선택하세요. 그럼 전부 선택됩니다. 1번, 3번만 따로 선택하고 싶다면 Shift가 아닌

Ctrl을 누른 채로 선택해주세요. 선택한 상태에서 하단의 타이밍 화살표를 누르면 일괄적으로 타이밍을 바꿀 수 있습니다. 저는 0.1초를 기본값으로 지정해준 뒤 필요할 때 추가적으로 타이밍을 바꾸는 편입니다.

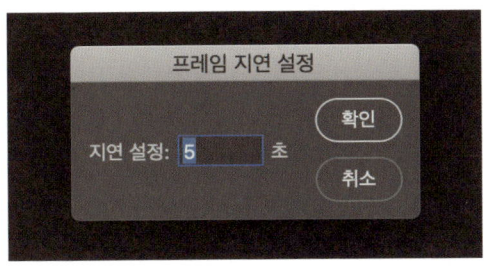

기본으로 제공하고 있는 타이밍 이외에도 0.01초 단위로 타이밍을 바꿔줄 수 있습니다. 하단의 ▶ 버튼이나, 키보드의 스페이스바를 누르면 재생됩니다.

> **POINT 모션 구현 방법의 차이**
>
> 포토샵에서 모션을 구현하는 방법과 프로크리에이트에서 모션을 구현하는 방법이 조금 다르다는 점, 눈치채셨나요? 프로크리에이트가 1초당 N개의 프레임이 반복되는 방식이라면 포토샵은 프레임 각각의 타이밍을 조절하는 방식입니다. 둘 중 어떤 방법이 애니메이팅의 정석이라고 말할 수는 없지만, 카카오 이모티콘에서 상품화를 위해 사용하는 포맷인 webp나, 밴드나 라인에서 사용하는 apng를 사용하려면 후자의 방식인 포토샵의 방식을 사용하는 것이 작업하기에 수월합니다. 결론적으로 순수하게 이미지를 제작하는 단계까지는 프로크리에이트만 사용해도 문제없습니다. 그렇지만 특정 이모티콘 플랫폼에서 요구하는 포맷을 사용해야 할 때는 포토샵을 활용하는 것을 추천드려요.

한 걸음 더
모션 레퍼런스 찾기

이모티콘을 제작할 때 참고할 레퍼런스를 찾는 방법과 활용하는 방법에 대해 알아봅니다. 개인적으로 전체 커리큘럼에서 가장 무게를 두고 싶은 부분입니다. 좋은 레퍼런스를 찾는 건 정말, 정말, 정말 중요해요. 실무 디자인 프로세스에서도 레퍼런스를 찾는 작업의 비중이 많습니다. 많이 볼수록 보는 눈이 높아지고, 잘 만들어진 기성의 것을 본인의 것으로 쉽게 만들 수 있기 때문이에요.

저는 대학교에서 애니메이션이나 영상은 한 번도 다뤄본 적이 없습니다. 의외로 회사에서 좋은 예시들을 매일 뜯어보고 이모티콘 샵을 자주 들어가서 구경했던 경험 덕분에 자연스럽게 안목이 생기고, 그 기술을 제 것으로 만들 수 있었습니다. 그렇게 안목과 센스가 쌓여서 카카오에 처음으로 한 제안이 바로 승인이 되었던 것 같아요. 좋은 레퍼런스는 어디서 찾는지, 그리고 그 레퍼런스를 어떻게 공부하면 좋은지, 제가 했던 방식들을 소개해드릴게요. 여러분도 이 방법을 활용해서 좋은 예시를 많이 보고, 연습도 많이 해보셨으면 좋겠습니다.

검색하기

레퍼런스란 간단히 이야기하면 '참고 자료'입니다. 자전거 타는 동작을 표현하고 싶다고 가정해볼게요. 머릿속으로 자전거 타는 동작을 생각해보았을 때, 바로 그 장면을 표현할 수 있는 사람이 얼마나 될까요? 매일 자전거를 타는 사람이라도 자전거 타는 동작을 그려내고, 또 움직임을 표현하는 것은 어려울 수 있어요. 그렇기 때문에 레퍼런스가 필요합니다. 정석적인 레퍼런스 수집은 본인이나 친구의 모습을 촬영한 뒤, 그 모습을 토대로 제작하는 것입니다. 그런데 만약 자전거를 탈 수 없는 상황이라면 어떻게 해야 할까요? 바로 검색하는 방법을 사용하면 됩니다. '특정한 동작+gif'라는 검색어로 구글에 이미지 검색을 해보세요. 자전거 타는 동작이 필요하다면 'bicycle gif'를 검색하면 되겠죠. 구글은 천재 검색 매체이기 때문에 해당하는 동작을 gif로 모두 수집해줍니다. 이미지 탭에 들어가서 마음에 드는 gif를 저장해주세요.

애니메이션 gif 사이트 참고하기

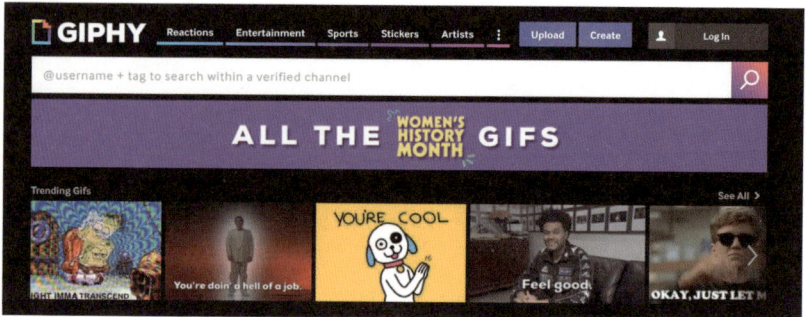

GIPHY 사이트에서 gif를 구경해보세요. 이 사이트는 모바일 및 아이패드 앱으로도 있어요. 심심하실 때 앱을 구경하면서 아이디어를 찾는 것도 좋은 방법이 될 것 같아요. [카테고리] - [Anime/Cartoons]에서는 여러 애니메이션 gif를 볼 수 있습니다. 검색창에 감정을 검색해 재미있는 감정 연출법을 볼 수도 있습니다. 사이트의 메인에는 가장 핫한 유행 움짤들이 모여있어요. 만약 아이디어가 떠오르지 않는다면 첫 화면을 구경하면서 브레인스토밍하듯 아이디어를 구상해봐도 좋습니다.

분석하기

포토샵 타임라인을 이용한 프레임 분석을 해봅시다. gif 애니메이션은 우리 눈의 착시효과를 이용한 그림이기 때문에 움직이는 상태에서는 어떤 흐름으로 애니메이팅이 되고 있는지 쉽게 캐치하기 어렵습니다. 그렇기 때문에 다양한 레퍼런스를 저장해 분석하며 내 이모티콘에도 응용하는 연습을 하는 것이 중요합니다. 저장한 gif를 포토샵이나 프로크리에이트에서 열면 타임라인의 흐름을 볼 수 있습니다.

 **POINT**

포토샵에서 gif 열기

저장한 gif 불러오기

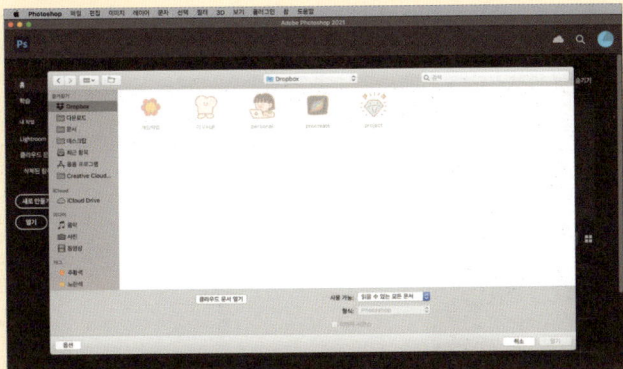

포토샵을 열면 나오는 화면에서 왼쪽에 있는 [열기]를 누르면, 저장한 gif를 불러올 수 있습니다. 단축키는 Ctrl + O입니다.

타임라인에서 프레임 확인하기

gif를 열고, 타임라인을 열면 프레임을 볼 수 있어요.

 **POINT** 프로크리에이트에서 gif 열기

gif 저장하기

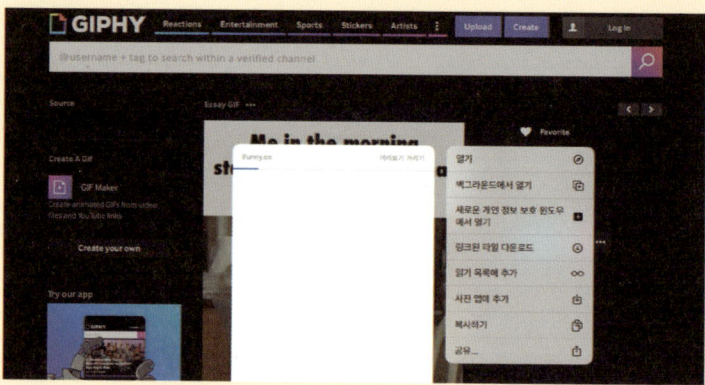

사진 앱에 gif를 저장합니다. 구글이나 GIPHY에서 저장하고 싶은 gif를 검색해보세요. gif를 꾹 누르면 열어보는 앱에 따라 [사진 앱에 저장] 혹은 [이미지 저장] 등의 버튼이 나오고 원하는 위치에 저장할 수 있습니다.

gif 열어보기

이미지를 저장한 뒤, 프로크리에이트의 갤러리로 올게요. 갤러리 오른쪽 상단의 [사진]을 선택합니다. 사진 앱에 저장했으니 사진 앱으로 갑니다. 열어보고 싶은 gif를 선택하고 오른쪽 상단의 [사용]을 누르면 gif를 열어볼 수 있습니다.

애니메이션 어시스트에서 프레임 확인하기

레이어를 확인해보면 프레임이 하나하나 다 열려서 순서대로 저장된 것을 확인할 수 있어요. [애니메이션 어시스트]를 열면 재생할 수 있습니다. 포토샵과는 달리 프로크리에이트는 기본 타이밍인 '초당 프레임 15'로 되어있어서 정확한 타이밍을 보기에는 어렵다는 단점이 있으나, 타이밍보다도 애니메이팅의 흐름을 보고 싶으실 때는 이렇게 활용하면 좋겠죠.

활용 방법

먼저 gif를 천천히 재생해보면서 움직임의 원리를 파악해봅니다. 따라해보고 싶은 gif가 있다면, gif를 트레이싱해보세요. gif 프레임을 하나하나 모션 스케치 삼아, 새로운 레이어를 추가해서 대고 그려보세요. 이왕이면 포즈는 그대로 따라하되, 캐릭터는 나만의 캐릭터로 바꿔서 응용해보는 것도 좋겠지요?

모든 저작물에는 저작권이 있습니다. 제가 알려드리는 내용들은 참고용일 뿐 온라인 상에서 발견한 gif를 절대 그대로 똑같이 트레이싱해서 제출하면 안 됩니다. 연습할 때만 사용해보고, 상업적인 사용은 저작권법에 위반될 수 있으니 명심하세요.

모션감 익히기

하나의 썸네일을 키 프레임으로 잡고 모션을 만드는 연습을 합시다. 팝콘 먹는 애니메이션을 만들 거예요. 예제 이미지를 준비합니다.

"**파일명: 2_2 팝콘.png**"

아이패드에 예제를 저장한 뒤, 프로크리에이트에서 스케치를 불러줍니다.

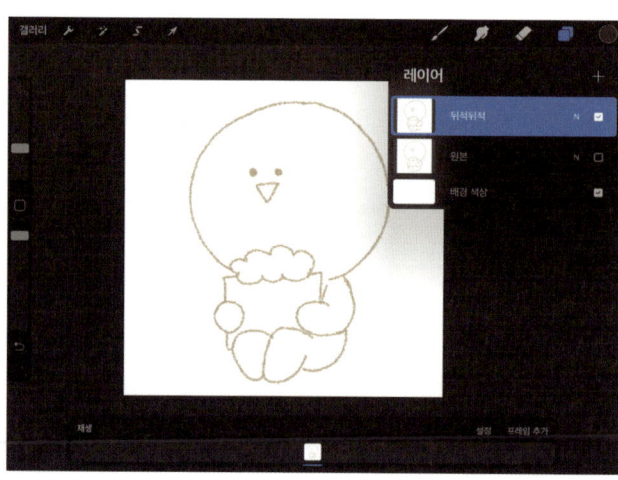

레이어를 복제합니다. 프레임(레이어)이 많아지면 헷갈릴 수 있으니, 레이어 이름을 바꾸어가며 제작해볼게요. 복제한 레이어는 '뒤적뒤적'입니다. 복제된 원본인 '원본' 레이어는 잠시 꺼둘게요.

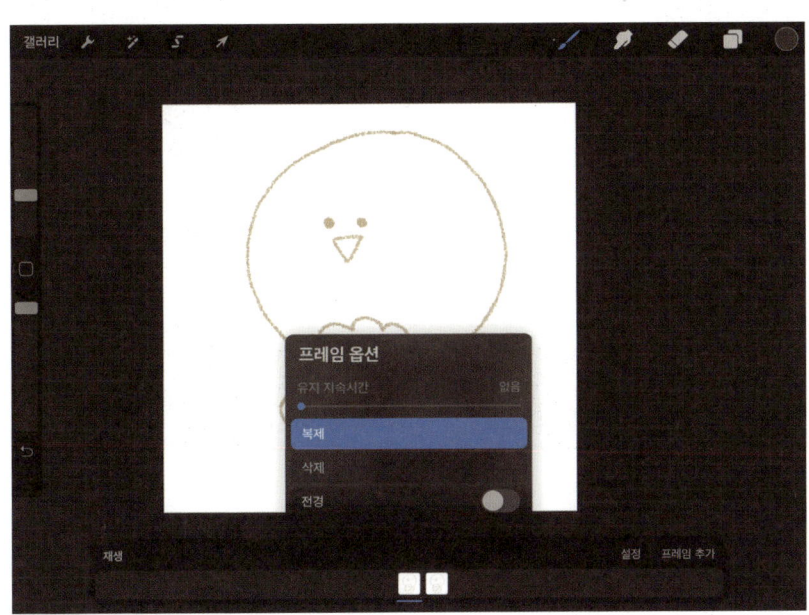

팝콘을 뒤적이는 스케치를 하기 위해 애니메이션 어시스트를 켜줍니다. [동작] - [공유] - [애니메이션 어시스트]를 선택하세요. 그림 하단에 어시스트 바가 생기 죠. 같은 프레임을 반복해서 사용할 것이기 때문에 프레임을 터치하고 [복제] 해줍니다.

뒤적뒤적 프레임의 팔 부분을 지워주고, 팔을 팝콘 통에 넣고 있는 모습을 그려줄게요. 이때 어깨선을 맞춰서 그려주면 더 자연스럽겠죠? 뒤적뒤적 프레임을 복제해서 팔만 지워줄게요. 지우개로 지우다 보면 이전 레이어가 지워지는 게 보이죠. 지워지지 않는 게 아니라, 이전 레이어가 보이는 것입니다.

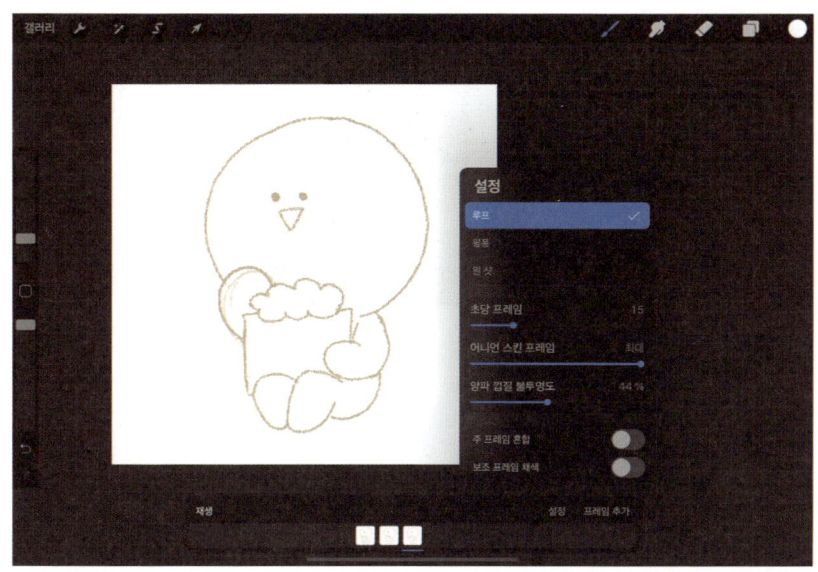

이전 레이어의 선이 너무 진해서 지금의 레이어와 헷갈린다면 [설정] - [양파 껍질 불투명도]의 수치를 조정해주세요. 양파 껍질 불투명도를 활용하면 이전 레이어와 비교하면서 그릴 수 있습니다. 팔을 다 지웠다면 새로운 팔을 그려주세요. 이전 프레임과 조금 다른 위치로 그려주면 됩니다. 한 번 더 프레임을 복제해서 세 번째 프레임을 만들고 위의 내용을 반복할게요. 프레임 복제 후 지우개를 사용해서 팔만 지우고 새로운 팔을 그려주면 됩니다. 재생해보고 어색하지 않다면 다음으로 넘어갈게요!

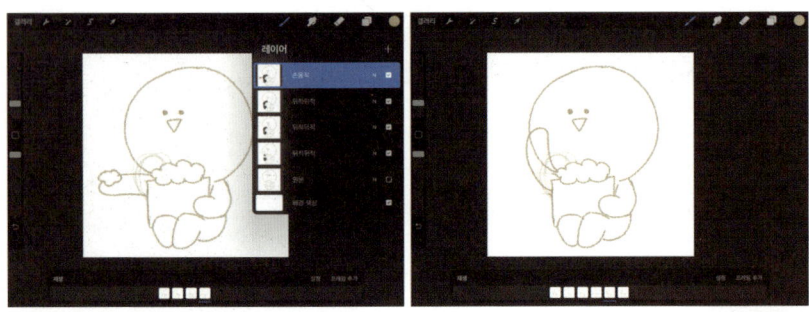

팝콘을 뒤적이다 팝콘을 쥐고 입에 '팍!' 넣는 동작을 만들고 싶은데 도대체 어떻게 움직여야 하는 건지 감이 안 오죠. 이럴 때는 가장 큰 동작을 위주로 먼저 그려줍니다. 새로운 동작을 위해 뒤적뒤적 프레임을 복제하고 레이어의 이름은 '손움직'이라고 지어볼게요. 복제한 프레임의 팔을 지워준 뒤, 뻗어있는 팔을 그려주세요. 그리고 손 위에 팝콘을 쥐어줄게요. 한 번 더 프레임을 복제해서 이번에는 팝콘을 쥔 손이 입에 닿아있는 모습을 그려줍니다. 이렇게 중심이 되는 가장 큰 동작을 먼저 그리고, 재생해보세요.

> **Tip** 어떤가요? 중간 과정이 없어서 뚝뚝 끊기는 느낌이 있나요? 그럼 중간 과정을 추가해서 흐름을 조금 더 부드럽게 만들어볼게요. 팔을 뻗었을 때와 입에 넣었을 때의 사이에 동작이 추가되어야 하니까 두 프레임 사이에 팔을 뻗었을 때의 프레임을 복제해줍니다. 복제한 레이어의 팔을 지우고, 앞뒤 프레임의 팔 위치를 확인하면서 중간 프레임의 팔을 완성해주세요.

재생해보면 이제 팔은 괜찮은데, 팔만 움직이다 보니 어딘가 어색하죠. 팝콘을 먹는 아이니까, 팝콘을 뒤적거리고 있을 때는 입을 우물거리고, 팝콘을 먹는 순간 입이 벌어졌다가 다시 팝콘을 뒤적일 때 입이 우물거리는 모습이 반복되도록 연출해줄게요. 팝콘을 뒤적이고 있는 첫 번째 프레임으로 돌아가서 입만 지워줍니다. 전후 프레임이 너무 많이 보여서 비교가 어려우니, 어니언 스킨 프레임을 1~2개로 줄이고 작업해주세요. 우물거리는 듯한 입을 그려줍니다. 뒤적이고 있는 3개의 프레임 모두 입 모양을 전후 프레임과 비교하면서 그려주세요.

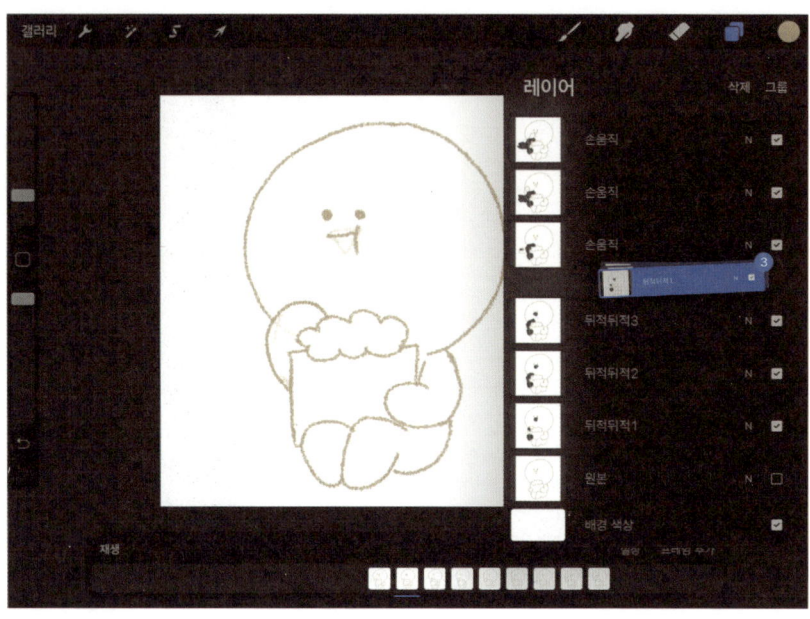

재생해보면 우물거리면서 입에 넣는 것처럼 표현하는 건 되었는데, 뒤적이는 모션이 조금 더 길면 좋을 것 같다는 생각이 들어요. 모션을 반복하고 싶다면 해당하는 프레임을 복사해서 반복해주면 됩니다. 복사해서 반복하는 방법은 애니메이션 어시스트보다는 레이어에서 보는 것이 덜 복잡하니까 레이어를 열어서 볼게요. 뒤적뒤적 레이어들을 복사해서 반복해주면 됩니다. 레이어의 이름이 다 같으면 헷갈릴 수 있으니까 레이어의 이름을 '뒤적뒤적1', '뒤적뒤적2', '뒤적뒤적3'으로 바꾸어 구분해줍니다. 그리고 각 레이어를 복제해서 '뒤적뒤적1 - 뒤적뒤적2 - 뒤적뒤적3 - 뒤적뒤적1 - 뒤적뒤적2 - 뒤적뒤적3' 순서로 정렬해줍니다. 레이어로 정리한 내용은 그대로 프레임에 적용됩니다. 애니메이션 어시스트에서 [재생]을 눌러 느낌을 확인해볼게요. 타이밍은 [설정] -

[초당 프레임]의 바를 좌우로 조정하면 됩니다. 결과물이 마음에 든다면 라인을 예쁘게 다듬어줄게요.

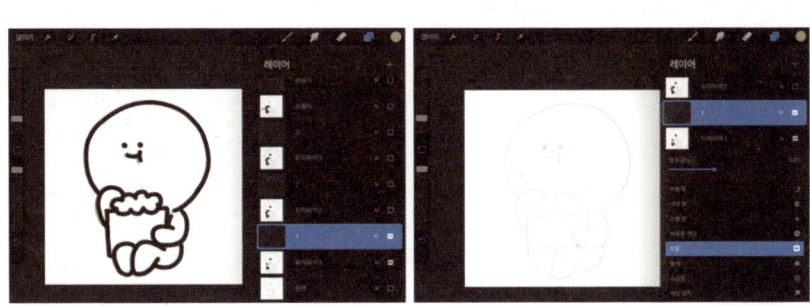

방금 복제한 뒤적뒤적 레이어는 어차피 반복되는 내용이니, 새로 라인을 따는 건 노동력 낭비겠지요. 라인을 예쁘게 그린 다음에 다시 복제해줄게요. 새로운 레이어를 추가해 라인을 그려줄 것이기 때문에 애니메이션 어시스트가 켜져 있으면 헷갈릴 수 있어요. 잠시 꺼두겠습니다. 이제부터 한 프레임씩 스케치를 그려줄 거예요. 레이어를 눌러 맨 처음 프레임인 뒤적뒤적1만 켜줍니다. 그리고 + 버튼으로 라인용 레이어를 생성해줍니다. 라인을 그릴 브러시와 색상을 골라주세요. 저는 모노라인 1pt 검은색으로 라인을 그려볼게요. 모든 스케치 프레임을 하나하나 그려줍니다. 움직이지 않고 고정되어있는 장면도 하나하나 선을 그려주면 모션이 더 역동적으로 느껴집니다. 대신 고정되어있는 부분은 너무 흔들려 보이지 않게 최대한 비슷한 라인으로 맞춰서 그려주는 게 중요해요.

Tip 레이어를 관리하는 일이 어렵게 느껴질 수 있어요. '스케치 레이어 - 라인 레이어'의 쌍으로 차곡차곡 순서대로 쌓아서 작업하면 헷갈리지 않고 작업할 수 있습니다. 라인을 다 그렸으면 재생해보기 위해 스케치 레이어를 제외한 라인 레이어만 켜줍니다. 켜져 있는 레이어만 애니메이션 어시스트에서 재생됩니다. 그리고 애니메이션 어시스트를 다시 열어서 재생해볼게요.

새로운 레이어를 추가해서 채색을 해줄 거예요. 이때 애니메이션 어시스트가 켜져 있으면 헷갈리게 만들 수 있어요. 잠시 꺼두겠습니다. 레이어를 눌러서 채색할 레이어를 켜줍니다. 저는 가장 하단에 있는 레이어부터 작업하는 것이 편하더라고요. 맨 아래에 있는 라인의 체크 박스를 눌러서 켜줄게요. 채색용 레이어('색칠' 레이어)는 라인 레이어('1' 레이어)보다 하위에 위치해야 됩니다. 꾹 눌러서 상하위 위치를 변경해주세요. 그리고 두 레이어를 그룹으로 묶어둘 게요. 그룹으로 묶어야 애니메이션 어시스트에서 재생할 때 하나의 프레임으로 재생됩니다. 캐릭터를 흰색으로 칠해줄게요. 배경이 흰색이면 칠해도 보이지 않겠죠? 배경 레이어를 눌러서 색상을 바꾼 뒤 칠해줍니다.

하나의 레이어에서 채색이 끝나면 다음 레이어에서 또 채색하지 않고, 채색 레이어를 복제해서 다시 사용해줄게요. 레이어를 눌러서 채색한 레이어를 복제해줍니다. 복제된 레이어를 꾹 눌러서 상위의 레이어에 가져다가 놓습니다. 가져다 놓을 때 썸네일의 주변에 파란 라인이 생기는 상태에서 레이어를 얹으면 그룹으로 묶이면서 이동이 됩니다. 복제된 상태에서 하단의 그룹이 보이면 헷갈리니까 체크 박스를 해제합니다. 새로 그릴 레이어에는 라인 레이어의 체크 박스가 꺼져 있을 거예요. 라인 레이어를 켜면 복제된 채색 레이어에 빈 곳이나 삐져나온 곳이 있는 게 보이죠. 채색을 완성해주세요. 모든 레이어를 반복해서 채색 작업을 해줍니다. 채색이 완성되면 애니메이션 어시스트를 다시 열어서 재생해볼게요.

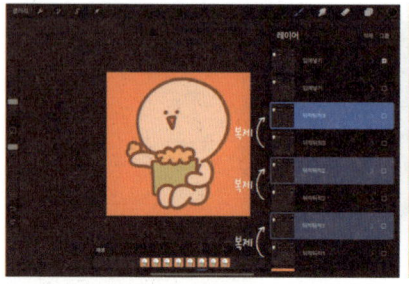 

모션 스케치에서 뒤적이는 프레임 3개를 복사한 것처럼 채색 작업이 끝나면 해당 프레임을 다시 한 번 복제해서 반복되는 느낌을 줄게요. 헷갈리지 않도록 레이어의 그룹 이름을 바꾼 뒤, 복제하고 한 번에 잡아서 순서를 맞춰주세요.

 **따라 해봐요 2**
반복되는 모션 구현하기

이모티콘에서 자주 사용되지만, 막상 하려고 시도하면 어려운 표현을 연습해 보겠습니다.

"파일명: 2_3 눈물1.png"

만들고자 하는 모션을 확인하고 갈까요? 두 유형 모두 원리는 똑같은데 왼쪽 유형이 조금 더 쉽게 느껴질 거예요. 왼쪽 예제를 먼저 해보면서 원리를 이해하고, 이어서 오른쪽 예제도 연습해보세요.

스케치를 하기 위해 애니메이션 어시스트를 켭니다. [동작] - [공유] - [애니메이션 어시스트]를 켜주세요. 그럼 하단에 어시스트 바가 생기죠.

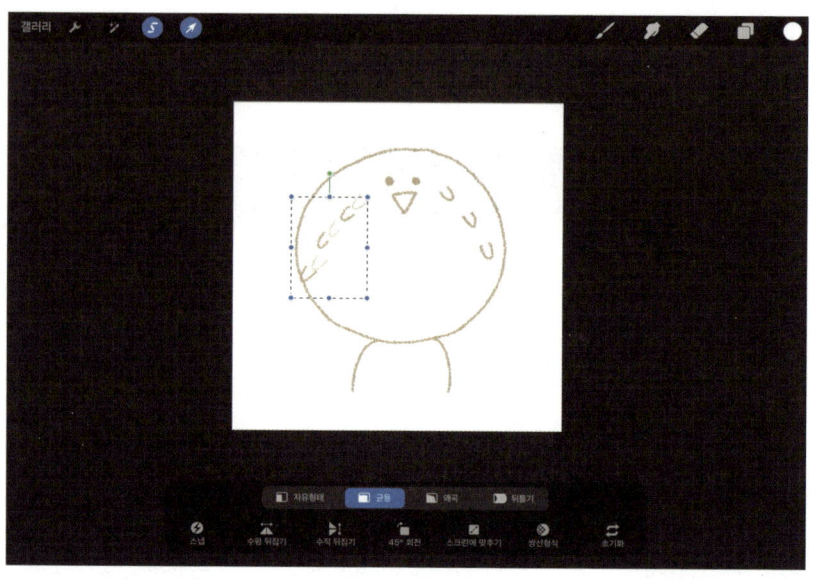

같은 프레임을 반복적으로 사용할 것이기 때문에 프레임을 터치해서 [복제]합니다. 복제된 프레임의 눈물 부분을 선택하고, 이동도구로 살짝 위치를 내려줍니다. 반대쪽도 해주세요. 한 번 더 프레임을 복제해서 세 번째 프레임을 만들고 위의 내용을 반복해줄게요. 세 번째 프레임의 눈물 모양도 눈과 눈물 사이가 멀어지는 곳이 있으니까 그 부분은 새로운 눈물을 그려줍니다. 다 그렸다면 재생해보면서 느낌을 확인해봅니다. 타이밍은 [설정] - [초당 프레임]의 바를 이용해 좌우로 조정해주면 됩니다. 마음에 든다면 라인을 예쁘게 다듬어 줄게요.

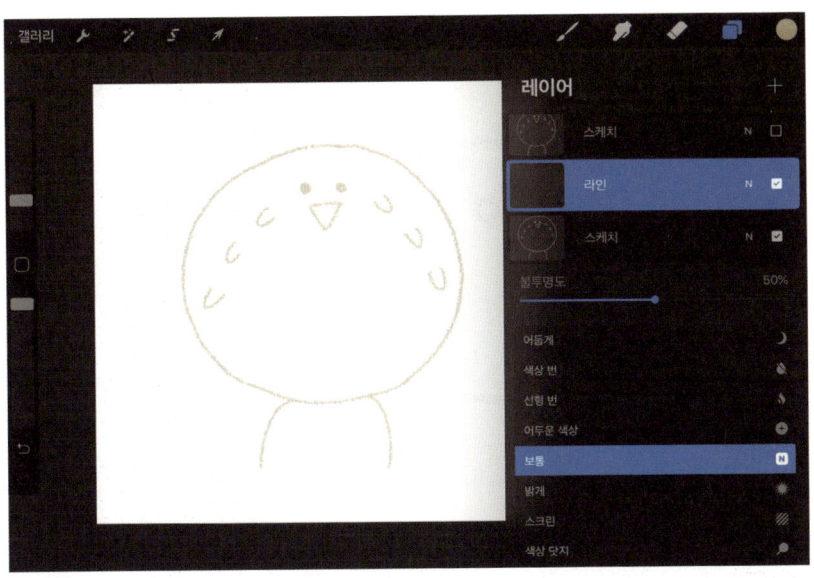

새로운 레이어를 추가해서 라인을 그릴 것이기 때문에 애니메이션 어시스트가 켜져 있으면 헷갈릴 수 있어요. 잠시 꺼두겠습니다. + 버튼으로 라인용 레이어를 생성할게요. 라인을 그릴 브러시와 색상을 골라줍니다. 저는 모노라인 1pt와 검은색으로 라인을 그려볼게요. 모든 스케치 프레임을 하나하나 그려줍니다. 앞서 설명한 것처럼 움직이지 않고 고정되어있는 장면도 하나하나 선을 그려주면 모션이 더 역동적으로 느껴집니다. 대신 고정되어있는 부분은 너무 흔들리는 것처럼 보이지 않게 최대한 비슷한 라인으로 맞춰서 그려야 한다는 것, 잊지 마세요!

레이어를 관리하는 일이 헷갈릴 수 있어요. '스케치 레이어 - 라인 레이어'의 쌍으로 차곡차곡 순서대로 쌓아서 작업해주면 덜 헷갈리게 작업해줄 수 있습니다. 라인을 다 그려주었다면 재생해보기 위해 스케치 레이어를 제외한 라인 레이어만 켜줍니다. 켜져 있는 레이어만 애니메이션 어시스트에서 재생됩니다. 그리고 애니메이션 어시스트를 다시 열어서 재생해볼게요.

이번엔 두 번째 예제를 연습해보겠습니다. 원리는 같으니 어렵지 않습니다.

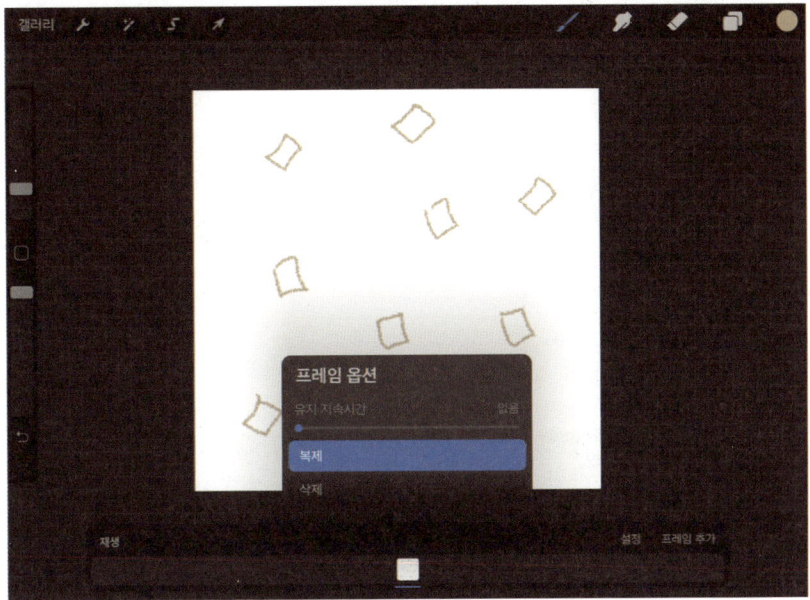

두 번째 예제를 받아서 캔버스에 열고, 애니메이션 어시스트를 켭니다. [동작] - [공유] - [애니메이션 어시스트]를 켜주세요. 그럼 하단에 어시스트 바가 생기죠. 같은 프레임을 반복해서 사용하기 위해 프레임을 터치하고 [복제]해줍니다.

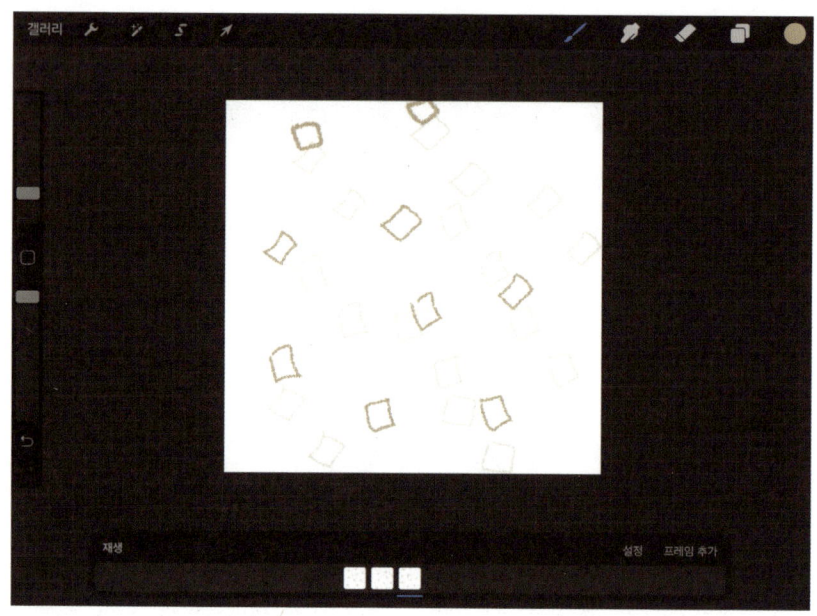

복제된 레이어를 이동도구로 아래 방향으로 이동해주세요. 이때 수직으로 떨어지는 것보다는 살짝 방향을 틀어서 떨어지게 해볼게요.

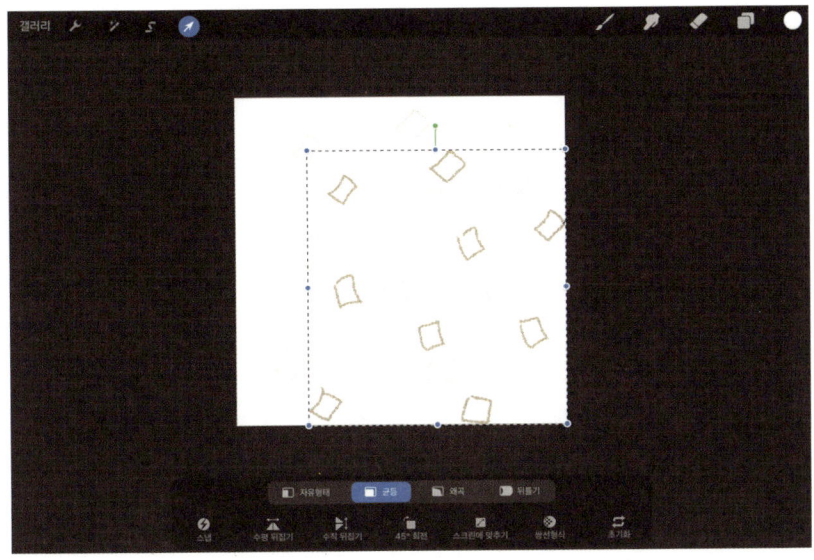

프레임을 복제해서 한 번 더 반복해줍니다. 스파클이 떨어지면 상단에는 빈 곳이 생기게 되는데, 그만큼 아래 방향에서도 잘린 부분이 있으니까 그 자리에 맞추어 비슷한 위치에 스파클을 추가해서 그려줍니다. 조금 더 다이내믹한 변화를 주고 싶다면 떨어지는 방향에 맞추어 스파클 몇 개는 조금씩 방향을 틀어주면 됩니다.

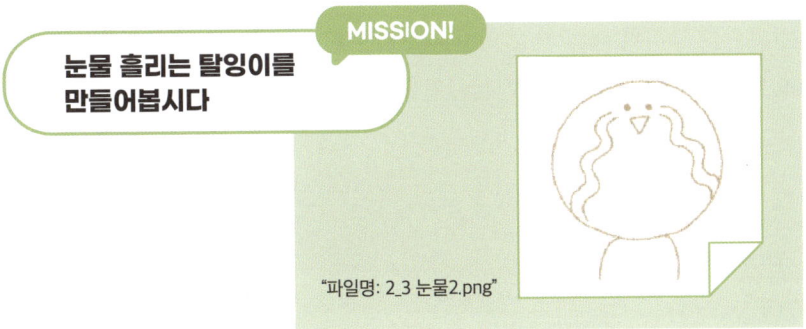

MISSION!
눈물 흘리는 탈잉이를 만들어봅시다

"파일명: 2_3 눈물2.png"

2. 모션 제작하기

2개 이상의 키 프레임이 있는 모션

2컷 이상의 키프레임이 있을 때 중간중간 컷을 어떻게 추가해 부드러운 움직임을 만들 수 있는지 익혀봅니다. 방법은 이전에 했던 내용과 같지만, 조금 더 난이도 있는 예제를 활용해볼게요.

"파일명: 2_4 빙그르르.png"

아이패드에 예제를 저장하고, 프로크리에이트에 예제를 불러옵니다. 복잡한 움직임을 표현해야 할 때는 가장 먼저 생각나는 큰 특징을 먼저 그려주고, 사이사이에 중간 동작을 추가하며 움직임을 이어주면 됩니다. 빙그르르 돌아가는 그림을 그리기 위해 가장 먼저 떠오르는 큰 동작은 '앞 - 옆 - 뒤 - 옆'이겠죠. 그러니까 먼저 앞모습, 옆모습, 뒷모습을 그려볼게요.

먼저 앞모습입니다. 레이어의 이름을 '앞'으로 변경할게요. 그리고 뒷모습을 바로 그려볼게요. 앞모습이랑 뒷모습은 똑같은 외형에 디테일만 조금 다를 테니까요. 레이어의 이름을 '뒤'로 변경할게요. 그리고 애니메이션 어시스트를 켜서 비교하며 그려볼게요. [동작] - [공유] - [애니메이션 어시스트]를 켜주세요. 그럼 하단에 어시스트 바가 생기죠. 두 번째 프레임('뒤' 레이어)을 뒷모습처럼 꾸며주세요. 눈을 지우고, 멜빵의 모양을 변경하겠습니다.

이어서 옆모습도 그려볼게요. 옆모습은 '앞' 레이어를 복제해서 수정해보겠습니다. 몸은 아예 달라질 것 같으니까 지우개로 싹 지워주세요. 올가미도구로 눈, 코, 입을 선택해 오른쪽 방향으로 이동할게요. 그리고 얼굴 밖으로 튀어나오는 부분은 지우개로 깔끔하게 지워주겠습니다. 이제 몸을 그려줄게요. 양파 껍질 불투명도를 조정해서 앞뒤 프레임이 적당히 보이도록 만들어주세요. 옆모습을 상상해서 그리기 어렵다면 앞모습을 살짝 보면서 힌트를 얻어볼게요. 중요한 포인트가 어디인지 체크한 뒤 포인트를 맞춰준다고 생각하면 쉽습니다. 발, 팔, 그리고 의상의 위치도 맞춰주세요.

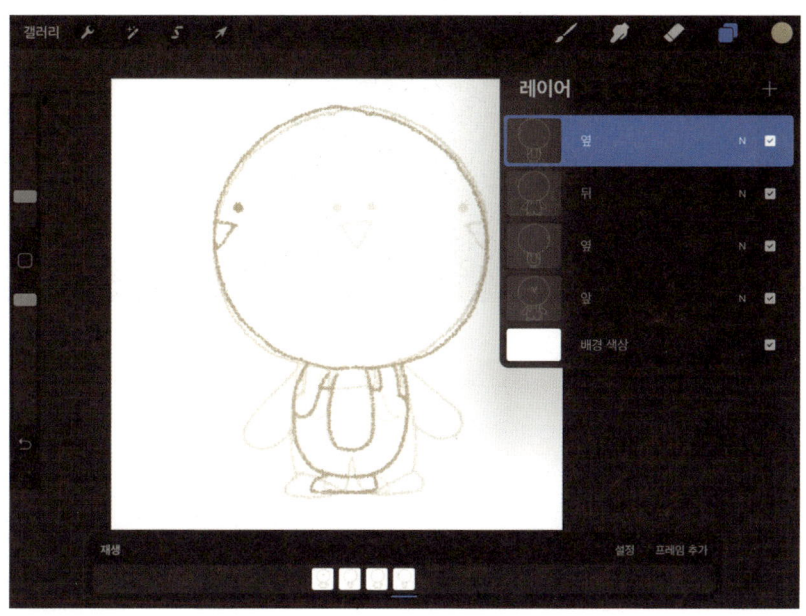

그리고 반대 옆모습은 대칭으로 같을 테니, 복사하고 다시 사용해줄게요. 레이어를 눌러서 옆모습 레이어의 이름을 '옆'으로 변경할게요. 그리고 복제하겠습니다. 복제한 두 번째 '옆' 레이어는 순서상 맨 위로 옮겨줍니다. 그리고 이동도구를 사용해서 대칭 반전해줍니다. 앞모습, 뒷모습, 옆모습이 완성되었다면 애니메이션 어시스트에서 재생해보며 느낌을 확인할게요. 재생해보면 돌아가긴 하는데, 도자기 물레 돌아가듯 반듯이 돌아가서 어색하죠. 중간 동작을 추가해서 더 자연스럽게 만들어볼게요.

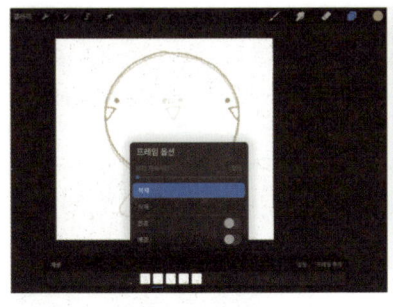 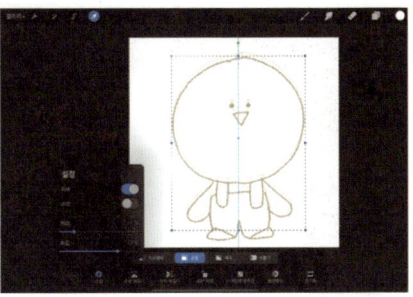

점프하기 전에 무릎을 구부렸다가 '팍!' 차고 나가는 모션을 추가해줄게요. '앞' 레이어를 복제해서 사용하겠습니다. 무릎이 구부러지기 위해서는 상체 부분이 전체적으로 내려와야겠죠. 올가미도구로 상체 부분만 선택하고, 이동 도구로 살살 내려줍니다. 그리고 무릎 부분만 지워준 뒤 접은 모습을 표현해줄게요. 재생해보면 무릎이 구부러지는 구간이 너무 짧아서 티가 안 나네요. 무릎을 접은 프레임을 한 번 더 반복해줄게요. 같은 모양이면 재미가 없을 테니까 조금 더 많이 내려보도록 하겠습니다. 같은 방법으로 상체 부분만 올가미도구로 선택해서 이동도구로 내리고, 무릎의 모양만 바꿔줄게요. 양파껍질 불투명도 기능 덕분에 뒤의 프레임이 보이니까 참고해서 뒤 프레임보다 격한 느낌의 구부러짐을 표현해주면 됩니다.

재생해보면 무릎이 접힌 만큼 다음 동작에서는 팍! 차고 올라가야 되는데, 아무런 변화 없이 올라가니까 느낌이 안 사는 것 같아요. 다음 동작들의 위치를 바꿔서 점프하는 느낌으로 만들어주겠습니다. 옆 프레임이 살짝만 올라갔다면 뒤 프레임은 더 많이 올라가고, 그 다음 옆 프레임은 살짝 내려오는 과정이면 되겠지요. 재생해보니까 점프하는 순간의 발 모양에 포인트를 만들어주면 더 자연스러울 것 같아요. 옆모습에서 까치발을 표현해줄게요. 발을 지우고, 앞모습 프레임과 비교해서 발의 위치를 바꿔줍니다. 효과선도 추가해보세요. 대칭을 이루며 반복되는 프레임이기 때문에, 오른쪽을 바라보고 있는 옆모습 프레임을 복제해 반대 장면에서도 타이밍을 맞춰 옮겨줍니다.

새로운 레이어를 추가해 라인을 그려줄 것이기 때문에 애니메이션 어시스트가 켜져 있으면 헷갈릴 수 있어요. 잠시 꺼두겠습니다. 이제부터 한 프레임씩 스케치를 그려줄 거예요. 맨 처음 프레임만 켜줍니다. 그리고 + 버튼을 눌러 라인용 레이어를 생성합니다. 라인을 그려줄 브러시와 색상을 고릅니다. 저는 모노라인 1pt 검은색으로 라인을 그려볼게요. 모든 스케치 프레임을 하나하나 그려줍니다. 스케치 때 반복해서 사용했던 레이어는 라인도 마찬가지로 복제해서 위치나 모양을 변경해주면 됩니다.

라인을 다 그렸다면 재생해보기 위해 스케치 레이어를 제외한 라인 레이어만 켜줍니다. 켜져 있는 레이어만 애니메이션 어시스트에서 재생됩니다. 그리고 애니메이션 어시스트를 다시 열어서 재생해볼게요.

채색용 새로운 레이어를 추가해 작업할 것이기 때문에, 애니메이션 어시스트가 켜져 있으면 헷갈릴 수 있어요. 애니메이션 어시스트가 켜져 있는 상태라면 잠시 꺼두겠습니다. 레이어를 눌러, 채색할 레이어를 켜줍니다. 앞에서 이야기한 것처럼 저는 가장 하단에 있는 레이어부터 작업하는 편이에요. 맨 아래 있는 라인의 체크 박스를 꾹 눌러서 켜줄게요. 그리고 채색용 레이어를 추가해줍니다. 채색용 레이어는 라인 레이어보다 하위에 위치해야 해요. 꾹 눌러서 상하위 위치를 변경해주세요. 두 레이어를 그룹으로 묶을게요. 그룹으로 묶어야 애니메이션 어시스트에서 재생할 때 하나의 프레임으로 재생됩니다.

캐릭터를 흰색으로 칠합니다. 배경이 흰색이면 칠해도 보이지 않겠죠? 배경 레이어를 눌러, 색상을 바꿔준 뒤 칠해줍니다.

하나의 프레임에서 채색이 완료되면 다음 레이어에서 또 채색하지 않고, 채색 레이어를 복제해 다시 사용해줄게요. 레이어를 눌러, 채색한 레이어를 복제해줍니다. 그리고 복제된 레이어를 꾹 눌러, 상위의 다음 레이어에 가져다 놓습니다. 가져다 놓는 순간 썸네일의 주변에 파란색 라인이 생기는데 이때 레이어를 없으면 그룹이 되면서 이동이 됩니다.

복제된 상태에서 하단의 그룹은 헷갈리니까 체크 박스를 해제합니다. 새로 그릴 레이어에는 라인 레이어의 체크 박스가 꺼져 있을 거예요. 라인 레이어를 켜면 복제된 채색 레이어가 빈 곳이 있거나 삐친 곳이 있는 게 보이죠. 채색을 완성해주세요. 이런 식으로 채색 레이어도 복제해 사용해주면 작업 속도가 훨씬 빨라지겠지요?

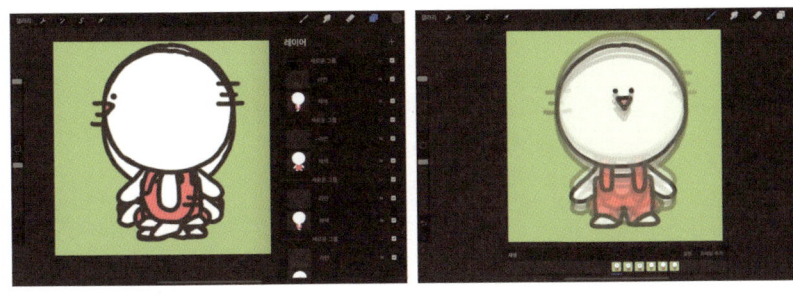

모든 레이어를 반복해서 채색 작업을 해줍니다. 채색이 완성되면 애니메이션 어시스트를 다시 열어서 재생해봅니다.

MISSION!
손키스 후 하트가 날아가는 장면을 만들어보세요.

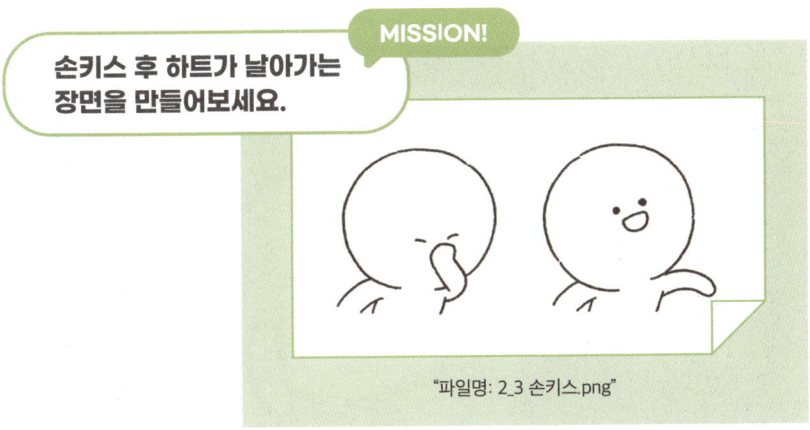

"파일명: 2_3 손키스.png"

STEP 3
저장과 내보내기

작업이 끝나면 저장을 해야겠지요. 저장을 하는 다양한 방법에 대해 소개할게요.

Tip 저장을 하는 용어를 프로그램마다 혼용해서 사용하고 있어요. '저장', '내보내기', '공유' 모두 저장하기라는 뜻이라고 이해하면 됩니다.

1. 이미지 내보내기

프로크리에이트에서 이미지 내보내기

프로크리에이트에서 그림을 그리고 이미지로 저장을 하고 싶다면, [동작] - [공유] - [JPEG]로 내보내면 됩니다. 이 경우 배경이 있는 이미지로만 저장이 되는 점! 꼭 기억해주세요.

이번에는 배경이 없는, 배경이 투명한 이미지로 저장해볼게요. 배경이 없는 이미지를 저장하고 싶다면, 우선 배경 레이어를 꺼주어야 합니다. 레이어를 눌러 배경 색상 레이어의 체크 박스를 해제해주세요. 그러면 이미지의 배경이 까맣게 표현되는 걸 확인할 수 있습니다.

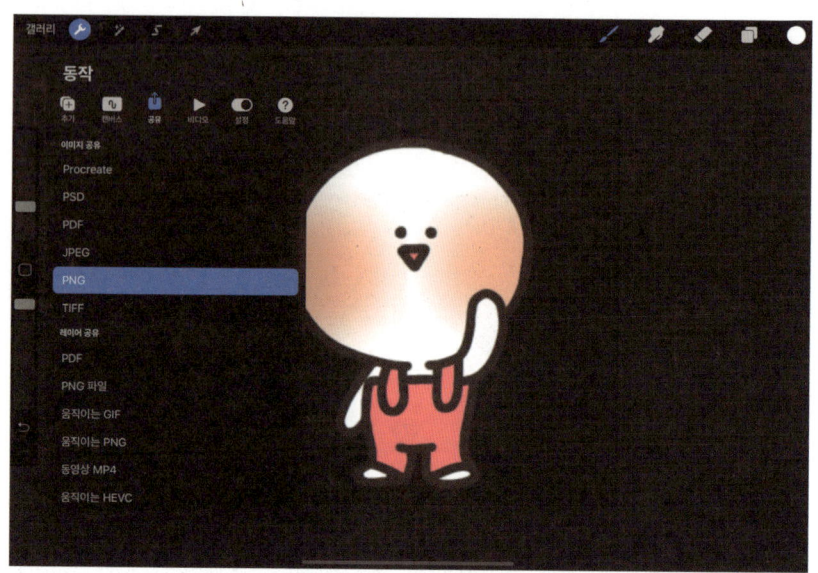

자, 이제 준비가 되었으니 이대로 이미지를 저장해볼게요. [동작] - [공유] - [PNG]로 내보내줍니다. png는 투명한 이미지를 지원해주는 포맷입니다.

POINT 내보내기 옵션 활용하기

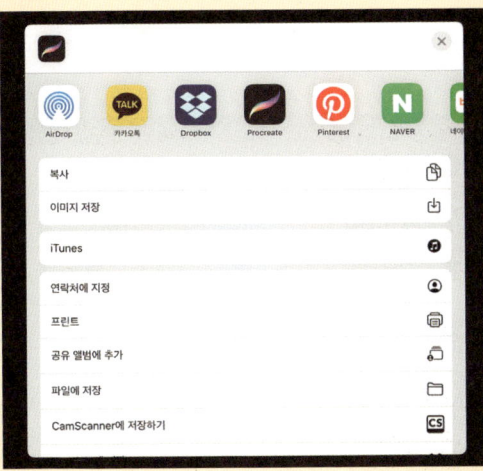

공유 포맷을 정하면 다음과 같은 화면이 뜹니다. 추천하는 내보내기 옵션을 소개해 드릴게요.

이미지 저장

이미지 저장을 선택하면 아이패드 기기 내의 사진 앱에 저장됩니다.

AirDrop

iOS 기기끼리 공유되는 시스템입니다. iOS 기기 사이의 블루투스 같은 느낌입니다. 저는 아이맥과 아이폰을 사용하고 있어서 가장 자주 사용하는 옵션입니다.

카카오톡

아이패드에서 작업한 내용을 컴퓨터로 옮기고 싶을 때, 특히 윈도우 컴퓨터를 사용하는 분들께 추천합니다. jpeg나 png와 같은 이미지 포맷은 설정 해상도에 따라 이미지 파일에 손상이 생길 수 있어서 추천드리지 않지만, psd와 같은 원본이 보존되는 포맷은 손상 없이 가장 빠르게 공유할 수 있습니다. '나에게 보내기' 기능을 사용해보세요.

> **포토샵에서 이미지 내보내기**

이번에는 포토샵에서 이미지를 내보내는 방법을 알아볼게요. 우선 프로크리에이트에서 작업한 내용을 포토샵으로 옮겨보겠습니다.

[동작] - [공유] -[PSD]를 이용해서 포토샵으로 내보낼 수 있습니다. PC 포토샵으로 옮겨 열어보겠습니다.

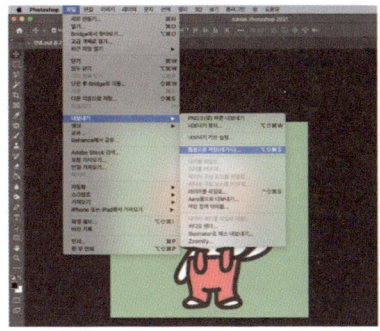 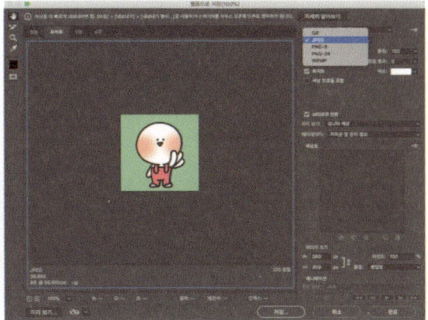

포토샵은 프로크리에이트의 살짝 복잡한 버전이라고 생각하면 간편합니다. 포토샵에서 내보내기를 할 때는 [파일] - [내보내기] - [웹용으로 저장]을 누르면 팝업으로 저장 옵션이 뜹니다.

CC 이전의 버전에서 [파일] - [웹용으로 저장]이 바로 뜨는 경우도 있습니다. 단축키는 Ctrl + Alt + Shift + S입니다. 혹시 메뉴에서 찾는 것이 어렵다면 단축키를 눌러보세요. [웹용으로 저장]의 오른쪽 상단에 있는 옵션에서 포맷을 jpeg로 변경해주면 배경이 있는 이미지로 저장됩니다.

> **Tip** 웹용으로 저장의 단축키는 Ctrl + Shift + Alt + S 입니다.

포토샵에서도 투명한 배경의 이미지로 저장해보고 싶다고요? 그러면 이렇게 하면 됩니다!

프로크리에이트에서와 마찬가지로 우선 배경 레이어를 가려줘야 합니다. 배경 레이어 앞의 눈 아이콘을 눌러 레이어를 잠깐 숨겨줄게요. (또는 배경 레이어를 아예 삭제하셔도 됩니다) 그러면 투명한 배경을 가진 이미지가 준비됩니다.

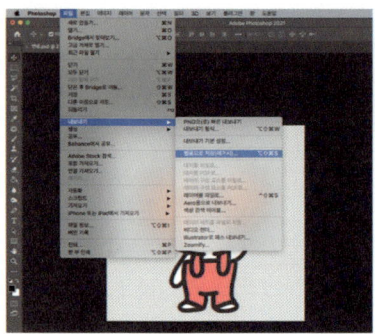 

[파일] - [내보내기] - [웹용으로 저장]으로 가서 이미지 포맷을 변경해줍니다. 투명한 배경으로 저장하고 싶다면 png를 사용해야 합니다. [PNG-24]를 선택해 저장해줄게요.

2. gif 내보내기

gif로 저장하는 방법을 배워볼게요. 이미지를 내보낼 때와 마찬가지로 gif도 프로크리에이트와 포토샵에서 내보내는 방법을 각각 알아보겠습니다.

프로크리에이트에서 gif 내보내기

작업이 끝나면 각 파일 내에서 [동작] - [공유] - [움직이는 GIF]에서 내보내기를 한 뒤 [이미지 저장]으로 사진 앱에 저장합니다. 이때 배경 레이어를 투명하게 저장하려면 레이어에서 배경 레이어를 끄고 저장하면 되고, 흰색 배경으로 저장하려면 배경 레이어 색상을 흰색으로 바꿔서 저장하면 되겠지요?

포토샵에서 gif 내보내기

포토샵에서 gif로 저장하기 위해서는 우선 [타임라인]으로 움직이는 모션을 만들어주어야 합니다. (164p 참고) 타임라인으로 마음에 드는 애니메이션을 만들었나요? 내보내기를 해볼게요! [파일] - [내보내기] - [웹용으로 저장]으로 가봅시다.

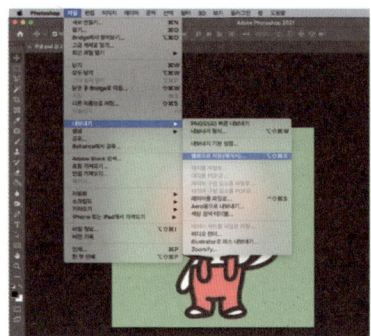 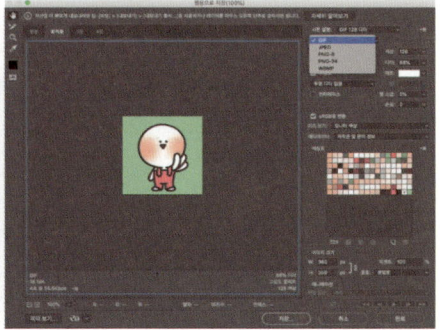

저장 옵션이 나오면 오른쪽 상단의 옵션을 [GIF]로 변경해주시고, 하단의 루핑 옵션이 '계속(forever)'으로 되어있는지 확인한 뒤 [저장]하면 됩니다. 저장 위치를 정해주시면 끝!

저장한 gif는 내가 선택한 경로에 가서 열어보면 됩니다. 윈도우 컴퓨터의 경우에는 바로 열면 재생이 됩니다. 맥의 경우에는 그냥 열어보면 프레임 단위로 열리기 때문에 움직임을 확인하기 어렵습니다. 스페이스바를 누르면 바로 재생되는 걸 확인할 수 있어요.

3. 포맷하기

이모티콘에서 자주 사용되는 확장자와 포맷에 대해 알아봅니다. 그리고 프로크리에이트에서 작업한 작업물을 외부로 저장하고 공유하는 방법에 대해 다뤄볼게요. 아래는 이모티콘을 제작하기 위해 기본적으로 아셔야 할 포맷들입니다. gif, png, psd 포맷은 이모티콘을 제작할 때 꼭 알고 있어야 하는 포맷이고, jpeg와 webp는 부가적이지만 이해를 돕기 위해 설명해드릴게요.

png vs. jpeg

png는 이미지 포맷의 종류 중 하나입니다. 투명한 배경을 지원하는 포맷이에요. jpeg(jpg) 또한 이미지 포맷으로 자주 사용되는 포맷입니다. png와 다른 점은 투명한 배경을 지원하지 않는 점입니다. 그래서 투명한 배경이 필요한 이모티콘에서는 jpg가 아닌, png를 주로 사용하고 있어요. png는 화면상에 보이는 내용을 그대로 공유합니다. 투명한 배경으로 저장하고 싶을 때는 꼭 배경 레이어를 해제한 뒤 공유하세요.

psd

포토샵의 원본 파일 포맷입니다. 프로크리에이트에서 작업한 내역을 포토샵으로 그대로 옮기고 싶을 때는 psd로 저장하면 된답니다. 자, 이제 프로크리에이트를 열어서 내보내는 방법을 알아볼게요. [동작] - [공유]를 누르면 내보낼 수 있는 여러 가지 포맷이 있어요. psd는 프로크리에이트의 레이어가 그대로 포토샵으로 공유됩니다. 프로크리에이트에서 했던 작업을 PC 포토샵으로 옮기고 싶을 때, psd 옵션으로 공유하면 됩니다.

gif vs. webp vs. apng

세 포맷 모두 움직이는 이미지를 저장하는 포맷입니다. 세 가지 포맷의 가장 다른 점은 각각의 파일을 만드는 방법입니다. gif는 프로크리에이트와 포토샵에서 바로 저장할 수 있는 포맷이지만, webp와 apng는 프로크리에이트와 포토샵에서 바로 만들 수 없고, 'Webp Animator'나 'Apng Assembler' 등 각각의 형식을 만들어낼 수 있는 프로그램을 통해서 작업할 수 있는 포맷입니다. 플랫폼별로 움직이는 이모티콘의 포맷은 모두 다르게 사용됩니다. 오지큐마켓의 경우 gif를, 카카오의 경우 최종 상품화 과정에서 webp를, 라인 스티커와 밴드 스티커의 경우에는 apng를 사용하고 있어요. gif는 움직이는 이미지를 지원하지만 '투명한 배경'이 png만큼 깔끔하게 구현되지 않는다는 단점이 있습니다. 그래서 일부 플랫폼에서는 gif가 아닌 webp나 apng로 대체해서 사용합니다. webp와 apng는 gif의 단점을 보완하기 위해 사용됩니다. webp와 apng는 투명한 배경을 예쁘게 저장해주는 png를 프레임별로 순서대로 저장한 뒤 저장한 png에 타이밍을 지정해서 저장하는 포맷입니다. gif는 [움직이는 GIF]로 공유하면 애니메이션 어시스트에서 작업한 타이밍이 그대로 적용되어 공유하는 것이 가능합니다.

한 걸음 더

레이어별로 내보내기

여기서 이런 질문이 생길 수 있어요. "썸네일을 한두 장 그리는게 아닌데 그럼 이미지를 하나하나 저장해야 하나요? 그걸 언제 하나하나 저장하나요?"

아니오! 엄청 쉽고 빠르게 내보내기를 할 수 있는 꿀팁이 있습니다. [레이어별로 내보내기]라는 기능을 소개해드릴게요. [레이어별로 내보내기] 기능은 말 그대로 레이어별로 이미지를 저장할 수 있는 기능으로 두 가지 상황에서 사용합니다.

썸네일을 png로 저장할 때

멈춰있는 이모티콘을 제작하거나, 카카오 이모티콘과 같이 멈춰있는 썸네일 이미지도 같이 원하는 플랫폼에 제출할 때 [레이어별로 내보내기] 기능을 사용합니다. 썸네일의 포맷은 보통 png입니다.

움직이는 이모티콘 제안가이드

총 24종	PNG 21종 (투명배경)
	GIF 3종 (흰색배경)

(카카오 이모티콘 제안가이드, 출처 : 카카오 이모티콘 스튜디오)

그런데 21개의 png를 하나씩 저장하면 시간이 오래 걸리겠지요. [레이어별로 내보내기] 기능을 사용하면 한 번에 저장이 가능합니다. 이 기능을 사용하기 위해 일부러 썸네일을 한 파일에서 같이 작업합니다.

프레임을 한 프레임 프레임 저장할 때

프레임별로 내보내는 이유는 몇몇 플랫폼에서 요구하는 포맷인 webp나 apng를 만들기 위해서입니다.

webp는 카카오 이모티콘 승인 이후 상품화 과정에서 사용하는 포맷이며, apng는 밴드와 라인의 상품화 과정에서 gif 대신 움직이는 이모티콘을 제작할 때 사용하는 포맷입니다. 두 포맷 모두 포토샵에서 바로 만들 수 있는 포맷이 아닙니다. 우선 포토샵에서 프레임별로 저장한 png를 준비한 뒤, webp나 apng를 만들어낼 수 있는 프로그램에 png를 순서대로 삽입해 webp나 apng를 제작할 수 있습니다.

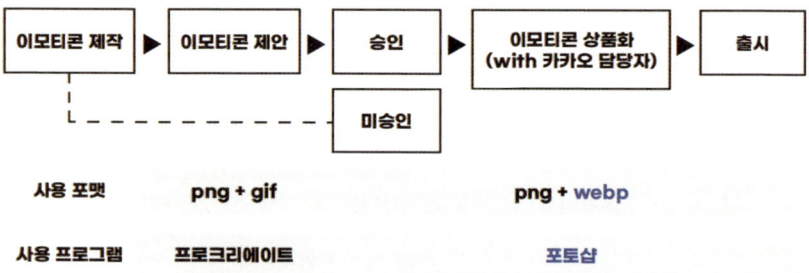

상품화 과정에서 webp을 작업할 때 타이밍을 기억하기 위해서는 프로크리에이트보다는 포토샵으로 작업하는 것이 좋습니다. 파일 정리를 하는 것이 아이패드보다는 PC가 편하다는 이유도 있고, webp에서 사용하는 속도고정시간이 포토샵의 타임라인 속도고정시간 개념과 같기 때문입니다.

프로크리에이트에서 레이어별로 내보내기

썸네일을 png로 저장할 경우에는 프로크리에이트에서 [레이어별로 내보내기] 기능을 사용하는 편입니다. 썸네일 세트 만들기에서 만들어 둔 썸네일 세트를 예시로 한 번에 저장하는 방법을 알려드릴게요.

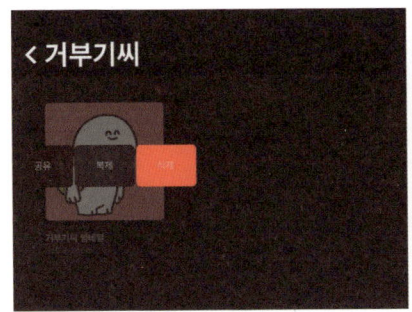 

썸네일 파일의 사본을 만듭니다. 썸네일 파일을 오른쪽에서 왼쪽으로 슬라이드하면 파일을 복제할 수 있습니다. 사본 썸네일 파일에서 레이어별로 내보내기 작업을 할 거예요. 원본 썸네일을 분리하여 만드는 이유는 레이어를 내보내기 위해 레이어를 병합하는데 레이어를 합쳐버리면 나중에 수정이 어렵기 때문입니다.

복사한 사본 파일에서 제작합니다. 라인 레이어와 채색 레이어로 분리되어 그룹으로 되어있는 레이어를 썸네일별로 병합합니다. 병합을 하면 원본은 소실되기 때문에 이전 단계에서 사본을 만들어준 거예요. 되돌릴 수 없기 때문에 원본을 남겨두는 등 신중하게 선택해야합니다. 스케치 레이어는 지워도 됩니다.

Tip 프로크리에이트에서 레이어를 병합하려면 병합할 레이어들을 손가락으로 꼬집어주면 됩니다.

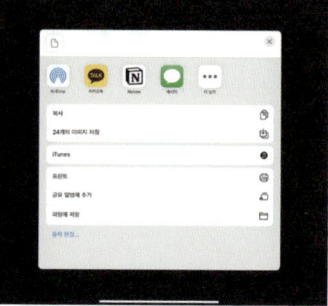

[동작] - [공유] - [PNG 파일] - [N개의 이미지 저장(또는 저장하고 싶은 방식)]으로 내보냅니다. [이미지 저장]으로 내보내기하면 기기의 사진 앱에서 저장된 썸네일을 확인할 수 있어요. 레이어가 병합되었기 때문에 라인 따로 색칠 따로 저장되지 않고, 합쳐진 이미지로 저장되지요. 이 상태에서 바로 제안할 수 있습니다.

포토샵에서 레이어별로 내보내기

포토샵에서 레이어별로 내보내는 목적은 webp나 apng 파일을 만들기 위해, 즉 프레임을 한 프레임 프레임 저장할 때입니다. 프레임별로 이미지가 필요하기 때문이죠. 그러므로 **각 프레임당 '1개'의 레이어로 합쳐주어야 합니다.** 1번과 2번 프레임은 각 프레임당 해당하는 레이어가 1개씩이지만, 3번 프레임에 해당하는 레이어는 그림 레이어와 텍스트 레이어가 그룹으로 되어있죠. 이런 경우에는 단일 레이어로 합쳐주어야 합니다.

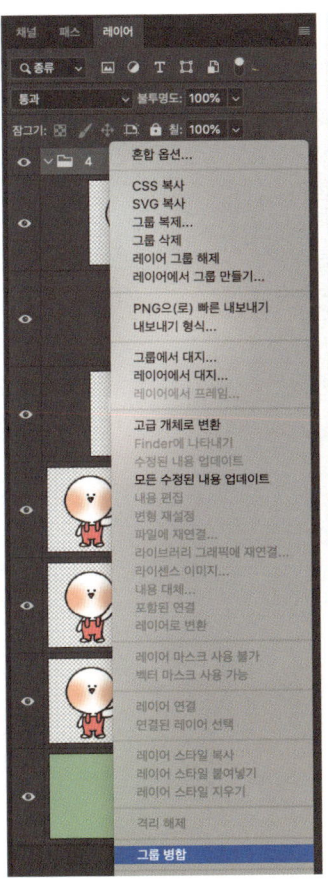
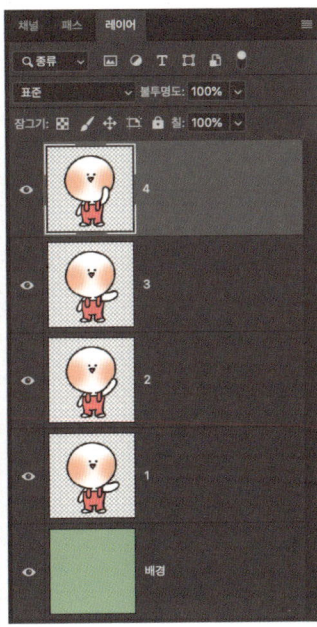

3. 저장과 내보내기

단일 레이어로 합치는 방법은 합칠 레이어인 3번 그룹 바에서 오른쪽 마우스를 눌러 [그룹 병합]을 선택하면 됩니다. 그럼 이제 하나의 레이어가 되었죠. 각각의 프레임을 눌러 해당하는 프레임에 한 개씩 레이어가 배정되어있는지 확인해주세요. 이제 준비 완료입니다.

> **Tip** 그룹 병합의 단축키는 Ctrl + E입니다.

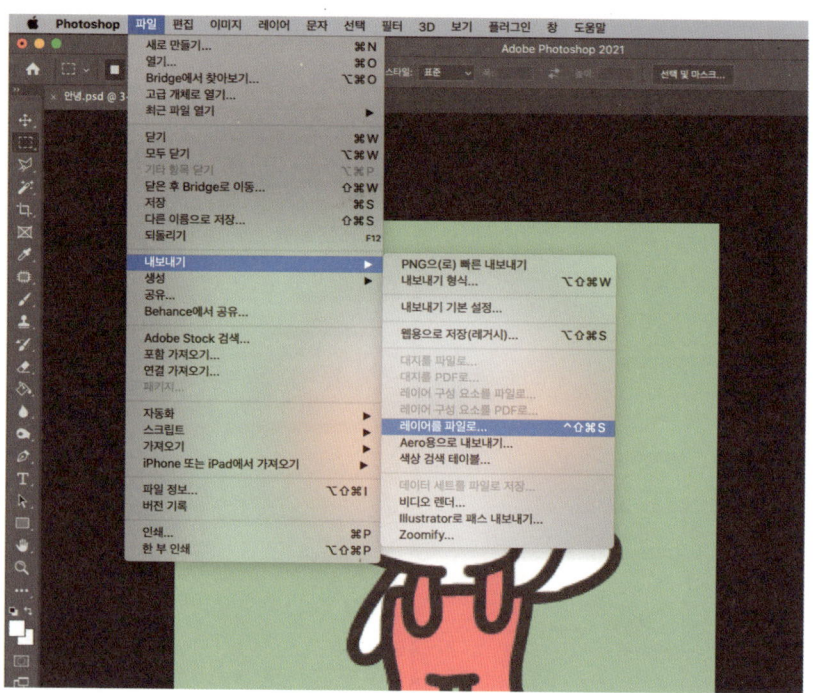

[파일] - [내보내기] - [레이어를 파일로]로 저장해줄게요. CC 이하 버전의 경우 [파일] - [스크립트] - [레이어를 파일로] 경로로 들어가면 됩니다.

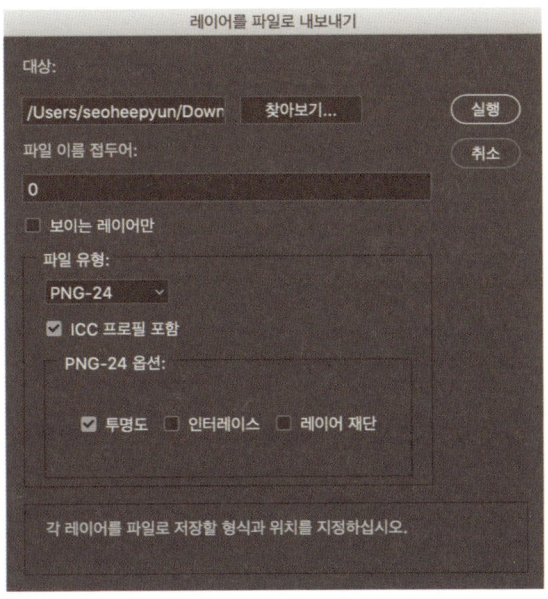

그럼 [레이어를 파일로 내보내기]라는 저장 옵션 창이 뜹니다. [찾아보기]에서 저장할 경로를 정해주세요. [파일 이름 접두어]에서는 파일이 저장될 때 파일명 앞에 붙는 접두어를 지정할 수 있습니다. [파일 유형]은 PNG-24로 지정해주세요. PNG-24의 옵션 중 [레이어 재단]의 체크 박스는 해제해주세요. 레이어 재단이 체크되어있는 상태로 내보내기가 되면 이미지 크기가 유지되지 않고, 그림 모양대로 레이어가 재단되어 내보내기 됩니다. 그리고 오른쪽의 [실행] 버튼을 누르면 자동으로 저장되고, 저장한 위치에 가서 확인해보면 레이어가 순서대로 저장된 것을 확인할 수 있습니다.

PART 3

제안하기

플랫폼별로 이모티콘을 제안하고 승인 후 상품화 과정과 출시, 판매하는 과정에 대해 배웁니다.

제안하고자 하는 플랫폼의 규격에 맞추어 이모티콘 세트를 만들었나요? 이제 제안을 해봅시다! 이모티콘 플랫폼별로 제출해야 할 이모티콘의 개수도 다르고, 이모티콘을 사용하는 소비자의 특징도 다 다릅니다. 각 이모티콘 플랫폼의 특징을 이야기해보면서 플랫폼별로 어떻게 제안하면 좋은지 기획 방향에 대해서도 이야기할게요.

제안 4단계

제안하기 → 결과 확인하기 → 상품화하기 → 출시와 판매하기

 ## 제안하는 과정 한눈에 보기

1. 제안하기

아이패드에서 바로 제안할 수 있는 플랫폼이 있고, PC를 통해서만 제안할 수 있는 플랫폼이 있어요. 일반적으로 상품화 과정이 있는 플랫폼은 아이패드에서 바로 제안이 가능합니다. 상품화 과정이 없고 제안 후 바로 승인이 되는 플랫폼의 경우에는 파일의 형식과 파일명이 중요하기 때문에 PC에서 파일명을 수정하고 등록해야 합니다. 플랫폼별 특징을 보고 맞춤으로 제안하세요.

2. 결과 확인하기

플랫폼별 결과가 나오는 기간이 상이합니다. 결과를 확인합니다.

3. 상품화하기

완성된 세트를 내지 않는 플랫폼인 카카오나 밴드의 경우에는 승인 이후 담당자와 완성된 이모티콘 세트를 만드는 '상품화' 과정을 진행합니다. 처음부터 완성된 이모티콘 세트를 제안하는 오지큐마켓이나 라인의 경우에는 상품화 과정은 없으며, 승인 이후 바로 판매를 시작합니다.

4. 출시와 판매하기

짝짝짝! 드디어 이모티콘이 플랫폼에 등록되었습니다!

플랫폼별 제안 과정

1. 카카오 이모티콘

어떤 특징을 가지고 있나요?

카카오 이모티콘은 카카오톡 내부, 그리고 카카오 전체 서비스에서 사용할 수 있습니다. 카카오 이모티콘의 가장 큰 특징은 국내에서 가장 큰 이모티콘 시장이라는 점입니다. 그만큼 이모티콘을 구매하는 구매층이 다른 플랫폼에 비해 굉장히 두껍기 때문에, 인지도와 구매력이 굉장히 높습니다. 하루에 많지 않은 개수의 이모티콘이 등록되고 있어 타 플랫폼 대비 주목받는 밀도가 높고, 홍보도 많이 해주기 때문에 다른 플랫폼에 비해 수익률이 높은 편입니다. 대신 카카오 이모티콘은 승인을 받기가 굉장히 어렵다는 단점이 있습니다. 모든 이모티콘을 승인하는 것보다는 상품성 있는 이모티콘만을 채택해서 샵에 판매하는 것이 카카오 이모티콘 시장의 특징입니다.

어디에 제안하나요?

카카오 이모티콘 스튜디오(emoticonstudio.kakao.com)에서 제안할 수 있습니다. 카카오 이모티콘 스튜디오는 카카오 계정이 있는 분이라면 누구나 가입할 수 있습니다. 우측 상단의 마지막 탭인 마이스튜디오 탭을 누르면 가입할 수 있습니다.

제안 전략은 무엇이 있나요?

제안할 수 있는 이모티콘은 총 4가지가 있습니다. 멈춰있는 이모티콘, 움직이는 이모티콘, 큰 이모티콘, 그리고 소리나는 이모티콘입니다. 멈춰있는 이모티콘은 총 32개, 움직이는 이모티콘은 총 24개, 큰 이모티콘은 총 16개를 제작해야 하며, 멈춰있는 이모티콘이나 움직이는 이모티콘과 다르게 큰 이모티콘은 말 그대로 사이즈가 크다는 특징이 있습니다. 이모티콘 샵에 등록되어 판매되고 있는 멈춰있는 이모티콘, 움직이는 이모티콘, 큰 이모티콘, 소리나는 이모티콘을 살펴보고 분석해보세요. 어떤 특징의 이모티콘이 멈춰있는 이모티콘으로 승인되고 어떤 특징의 이모티콘이 움직이는 이모티콘으로 승인되는지, 그리고 어떤 특징의 이모티콘이 큰 이모티콘으로 제안되고, 소리나는 이모티콘으로 제안되는지, 그 비율의 차이는 어떤지요. 카카오 이모티콘의 트렌드는 자주 바뀌는 편입니다. 이모티콘 샵을 수시로 들어가 동향을 파악해보세요. 지피지기면 백전백승! 내가 제안할 플랫폼을 알아야 기획하기 쉽겠죠.

멈춰있는 이모티콘

멈춰있는 이모티콘과 움직이는 이모티콘 중 어떤 이모티콘을 제작할 때 더 쉬울 것 같나요? 멈춰있는 이모티콘과 움직이는 이모티콘 중 어떤 이모티콘을 더 많이 구매하나요? 사람마다 다르겠지만, 보통 전자는 멈춰있는 이모티콘을, 후자는 움직이는 이모티콘을 많이 택합니다. 이모티콘 샵에서 멈춰있는 이모티콘은 어떤 이모티콘인지, 움직이는 이모티콘은 어떤 이모티콘인지 구분해서 살펴보세요. 비교해보면 멈춰있는 이모티콘은 움직이는 이모티콘보다 더 획기적이고 톡 쏘는 재미가 있는 기획이 필요하다는 것을 알 수 있어요. 특히 멈춰있는 이모티콘의 인기 순위를 보면 모션이 없는데도 표현력이 좋고 재치가 넘치는 이모티콘이 많습니다. 멈춰있는 이모티콘은 움직이는 이모티콘과 같은 가격으로 판매되고 있기 때문에 개수 차이도 있지요(멈춰있는 이모티콘 32개, 움직이는 이모티콘 24개). 움직임이 없어도 지루하지 않은 재미 요소와 구매를 부르는 힘이 있어야 만들 수 있는 이모티콘이 멈춰있는 이모티콘입니다.

움직이는 이모티콘

카카오 이모티콘 샵을 보면 움직이는 이모티콘은 오히려 멈춰있는 이모티콘에 비해 평범하거나 흔한 컨셉이 대부분입니다. 흔한 컨셉이어도 개성을 추가해 차별성을 주는 경우도 많습니다. 움직이는 이모티콘은 멈춰있는 이모티콘에 비해 감정과 행동을 움직임으로 표현하기 쉽고, 움직임에서 반전 요소를 주면 새로운 즐거움을 자극하는 포인트가 되더라고요. 그래서 저에게는 멈춰있는 이모티콘보다 움직이는 이모티콘이 조금 더 쉽게 다가왔습니다.

> 큰 이모티콘

큰 이모티콘은 사이즈가 클 뿐만 아니라, 기존의 정방형 이모티콘과는 달리 가로형과 세로형 이모티콘으로도 제작할 수 있습니다. 본인의 기획을 가로형이나 세로형 이모티콘으로 표현하면 재미있을 것 같다고 생각하는 분들이 도전해보면 좋을 것 같습니다. 그리고 다른 이모티콘에 비해 크기가 2배 가까이 되는 만큼 밀도에 신경을 써야 합니다.

제안가이드는 어떻게 되나요?

> ① 이모티콘 시안 제작

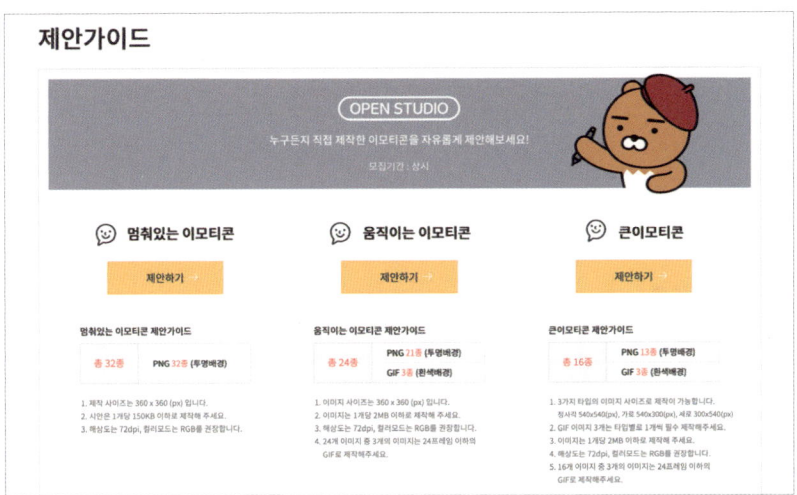

카카오 이모티콘 스튜디오의 [제안가이드]를 보면 이모티콘 유형별로 제안할 때 준비해야 하는 자료, 포맷에 대한 설명이 있습니다. 멈춰있는 이모티콘은 총 32개의 멈춰있는 시안(png)을 제안하면 됩니다. 움직이는 이모티콘과 소리나는 이모티콘은 총 24개의 이모티콘 중 움직이는 시안 3종(gif), 멈춰있는 시안 21종(png)을 제안하도록 되어있습니다. 멈춰있는 이모티콘, 움직이는 이모티콘, 소리나는 이모티콘은 모두 360*360px 사이즈의 크기로 제안하면 됩니다. 큰 이모티콘은 형태가 다양해 조금 복잡합니다. 움직이는 시안(gif) 3종, 멈춰있는 시안(png) 13종을 내야 하는데, 이 중 정사각형, 가로형, 세로형을 각각 1개씩 필수로 제작해야 합니다. 사이즈는 각각 정사각형 540*540px 가로형 540*300px, 세로형 300*540px입니다. 가이드에 맞게 이모티콘 세트를 제작해서 제안합니다. 카카오의 경우에는 프로크리에이트에 저장한 뒤, 아이패드에서 바로 제안할 수 있습니다.

제안서를 살펴봅시다. 이모티콘 상품명은 이모티콘 샵에 노출되는 이모티콘 제목입니다. 이모티콘 시리즈명은 이미 제작된 이모티콘을 시리즈로 만들고 싶을 때 기존의 시리즈를 체크해줍니다. 처음 제안하는 거라면 이모티콘 시리즈명 신규 등록 버튼을 눌러, 이모티콘 세트의 시리즈 이름을 정해주면 됩니다. 이모티콘 설명은 이모티콘 제작 컨셉이나 혹은 캐릭터에 대한 설명을 작성합니다. 이때 이모티콘의 속뜻이나 캐릭터의 성격 등 너무 많은 걸 풀어 설명할 필요는 없습니다. 글보다는 이미지 즉, ==이모티콘 전체 세트의 이미지와 멘트에서 명확한 이미지가 나와야 합니다==. 저는 이모티콘 설명 칸에 보통 이런 식으로 적습니다.

- 외출을 싫어하는 두덩이의 일상입니다.
- 가깝지만 아주 가깝지 않은 사이에 사용할 수 있는 부드럽게 대화를 이어나갈 수 있을 사회생활용 이모티콘입니다.

이모티콘의 ==전체 컨셉을 명확하고 짧게 적어주거나==, 타겟으로 삼는 대상을 리마인드하는 느낌으로 기입합니다(200자 제한이라 긴 이야기를 할 수도 없답니다). 이 글은 심사위원만 보는 글이라서 소비자들에게는 닿지 않거든요. 소비자들은 이모티콘 세트 구성을 보고 구매하지, 글을 읽을 수는 없다는 점을 유념하세요! 참고 사이트나 참고자료 첨부는 필수는 아니니 꼭 기입할 필요는 없습니다. 본인만의 어필 포인트가 있다면 기입하면 됩니다.

② 심사 결과 대기

이모티콘을 제안하면 승인/미승인 결과가 2~4주 내에 날아옵니다.

③ 심사 결과 확인

결과를 확인합니다. 승인이냐, 미승인이냐! 승인이 되면 첫 승인에 한해 전자계약을 맺습니다. 미승인이 되면 쓰라리지만, 슬픔을 빨리 잊어버리기 위해 바쁘게 새로운 이모티콘을 기획합니다. 카카오 이모티콘은 미승인의 사유를 알려주지 않기 때문에 스스로 이유를 생각해 수정해야 해요. 무엇이 문제인지 판단하기 어려울 때는 제삼자의 의견이나 미래의 나의 의견을 기다립니다. 제안했던 미승인 이모티콘을 객관적으로 보기 위해서는 한 달 이상의 시간은 필요하다고 생각합니다. 한 달 이상의 시간을 두면서 다른 플랫폼에 제안해보거나 승인된 다른 이모티콘을 보면서 시야를 넓히면 새로운 인사이트나 아이디어를 얻을 수 있을 거예요.

④ 이모티콘 상품화

제안했던 이모티콘을 카카오 기준에 맞게 다듬어 상품으로 만드는 과정을 상품화 과정이라고 생각하면 됩니다. 제안한 이모티콘 중 카카오의 기준에 어긋나는 부분을 담당자가 말해줍니다. 또한 움직이는 이모티콘을 제안할 경우에는 멈춰있는 21개의 이모티콘 파일(png)을 모두 움직이는 이모티콘으로 만드는 과정도 포함되어있습니다. 상품화 과정은 몇 단계의 과정을 걸쳐 진행됩니다. 먼저 컬러 시안 제작 단계에서는 멈춰있는 이모티콘 즉, 썸네일 상태의 이모티콘을 검수합니다. 누락된 색은 없는지, 글자가 너무 작거나 크진 않는지, 전체적인 밸런스가 맞는지 등을 검수합니다. 썸네일이 완료되면 모션을 제작합니다. 썸네일 상태가 완료되어야 모션의 형태감도 그대로 나오겠죠. 이때 사용하는 포맷은 webp입니다. webp를 제작하기 위한 제작 방법과 프로그램은 카카오 이모티콘 스튜디오에서 승인 이후에 안내하고 있어요. 이모티콘 세트에 필요한 탭 이미지와 공유 이미지를 제작하고 나면 출시 대기에 들어가게 됩니다. 1 ~ 3개월 동안의 출시 대기 시간을 기다려야 합니다. 출시일 일주일 전 즈음 서비스 오픈일 안내 메일이 오면 정확한 출시일을 알 수 있어요.

⑤ 이모티콘 상품 출시

드디어 카카오 이모티콘 샵에 출시되었습니다! 길고 긴 카카오 이모티콘의 제작 기간이에요. 정말 오래 걸리지요. 제안부터 출시까지 걸리는 시간은 작가의 작업 속도, 담당자의 피드백 속도, 카카오 이모티콘 내부 정책에 따라 천차만별입니다.

왜 미승인 이유를 알려주지 않나요?

우선 미승인 사유를 공지해주는 플랫폼은 어떤 플랫폼인지 이야기해보며 비교해볼게요. 미승인 사유를 알려주는 대표적인 플랫폼은 오지큐마켓과 라인, 모히톡 등입니다. 뒤에서 다뤄보겠지만 이 플랫폼들의 공통점은, 가이드만 맞추면 모든 시안이 통과되어 이모티콘을 판매할 수 있는 플랫폼이라는 것입니다. 이러한 플랫폼의 특성상 가이드만 맞추면 된다는 전제 조건이 있기 때문에, 제안용 페이지에 가이드라인이 비교적 자세하고 길게 적혀있습니다. 또한 플랫폼 직원이 디렉팅하는 '상품화' 과정 없이, 승인이 되면 바로 샵에서 구매가 가능하다는 특징이 있지요. 그렇기 때문에 이러한 플랫폼에서는 정확한 가이드에 맞춰진 시안인지 아닌지를 판가름하여 승인과 미승인이 결정된다고 생각하면 됩니다. 다시 말해 이러한 플랫폼에서 미승인 사유를 알려주는 이유는, 제안한 시안 중 어떤 부분이 가이드라인에 맞춰지지 않았기 때문에 반려되었다는 것을 알려주는 것이고, 그 부분만 고쳐서 다시 내면 플랫폼에 등록이 가능하다는 말입니다. 카카오 이모티콘에서 공식적으로 이모티콘 미승인 사유를 알려주지 않는 이유는 시장 편향적으로 제안을 한정시킬 가능성이 있기 때문이라고 이야기하고 있습니다. 카카오 이모티콘은 일정한 가이드만 맞춘다면 승인이 보장된 플랫폼이 아니라, 현 시장의 흐름과 내부 가이드에 의해 결정되는 승인의 기준이 불명확한 플랫폼입니다.

수익과 정산은 어떻게 되나요?

카카오 이모티콘의 수익은 판매 금액의 약 30%이며, 출시일 기준 2개월 뒤부터 정산받을 수 있습니다. 이모티콘 출시일의 익일부터 카카오 이모티콘 스튜디오에서 판매된 내역을 확인할 수 있습니다.

2. 오지큐마켓

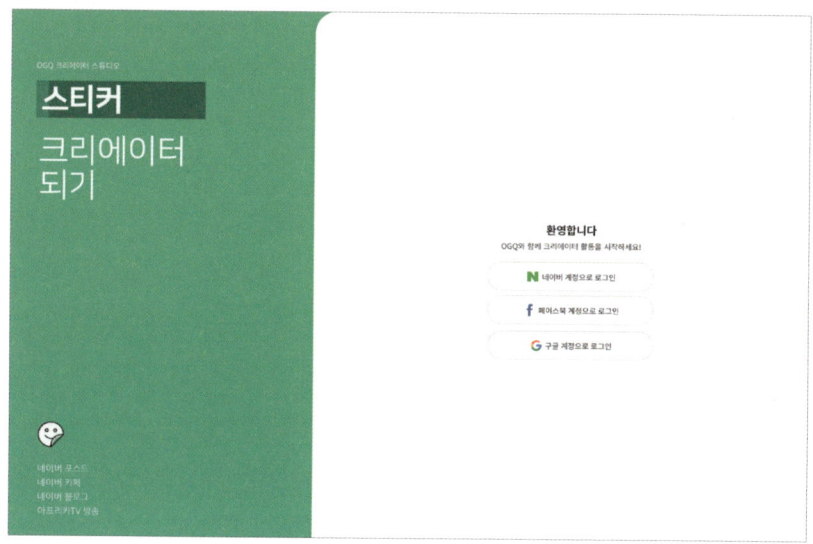

어떤 특징을 가지고 있나요?

오지큐마켓에 등록된 이모티콘 스티커는 네이버 블로그와 카페, 그리고 아프리카TV에서 사용할 수 있습니다. 오지큐마켓의 가장 좋은 점은 바로 수익 배분입니다. 다른 플랫폼의 경우 대부분 크리에이터가 30% 정도를 가져가는데, 오지큐마켓은 반대로 크리에이터에게 70%로 수익이 배분됩니다. 게다가 작가 고유의 url코드를 통해 구매하는 경우 수익을 100% 가질 수 있는 플랫폼입니다. 게다가 출시도 쉽다는 장점이 있습니다. 주로 구매하는 구매층이 블로거이기 때문에 글을 쓸 때 사용할 수 있는 컨셉을 섞어서 이모티콘을 만들면 좋겠죠. 카카오에서 미승인된 이모티콘을 오지큐마켓에 등록해 사용자의 반응을 살피는 것도 좋은 방법이에요. 카카오에서 미승인되었다고 이모티콘을 버리지 않으셨으면 좋겠어요. 이모티콘 플랫폼은 정말 많고, 구매자도 정말 다양합니다. 오지큐마켓은 가이드만 맞추면 승인이 되어 바로 판매할 수 있습니다. 심사 기간은 1 ~ 2주 정도 소요됩니다. 가볍게 연습 삼아서 제안해 보세요.

오지큐마켓의 스티커는 어디에 제안하나요?

오지큐 크리에이터 스튜디오(creators.ogq.me)에서 등록할 수 있습니다. 간단한 회원가입을 거쳐 크리에이터로 등록하면 스티커를 등록할 수 있습니다. 크리에이터 스튜디오에서는 스티커 제안뿐만 아니라, 등록된 스티커의 전체적인 현황을 파악할 수 있습니다.

제안 전략은 무엇이 있나요?

오지큐마켓의 스티커는 카페와 블로그에서 사용할 수 있는 스티커인 만큼 주로 글을 쓰는 사람들이 사용하겠죠. 이 점은 대화를 전제로 하는 카카오 이모티콘이나 라인 스티커와 분명한 차이점이 있어요. 오지큐마켓은 특히 블로거들이 애용하는 편인데요. 다양한 컨셉의 블로거들이 있듯 타겟층을 분명하게 잡고 기획해서 구성하면 좋겠죠. 멈춰있는 스티커는 아프리카TV 서비스(Live)에서도 사용이 가능해졌습니다. 라이브 서비스에서 쓸 만한 말은 무엇이 있을지 고민해서 제작해보세요. 카카오에서 떨어진 이모티콘을 그대로 오지큐마켓에 제안하는 것보다는 오지큐마켓을 이해하고, 주 타겟층을 공략해 제안한다면 더욱 잘 팔리는 스티커를 제작할 수 있겠지요!

제안가이드는 어떻게 되나요?

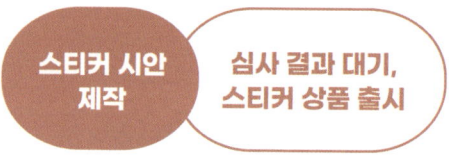

① 스티커 시안 제작

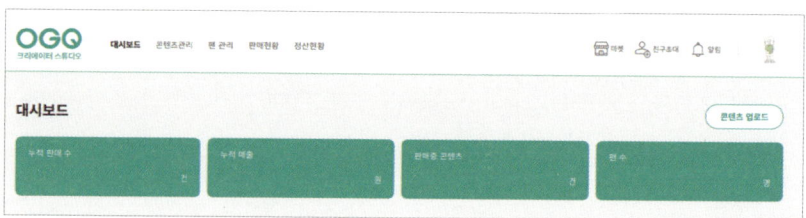

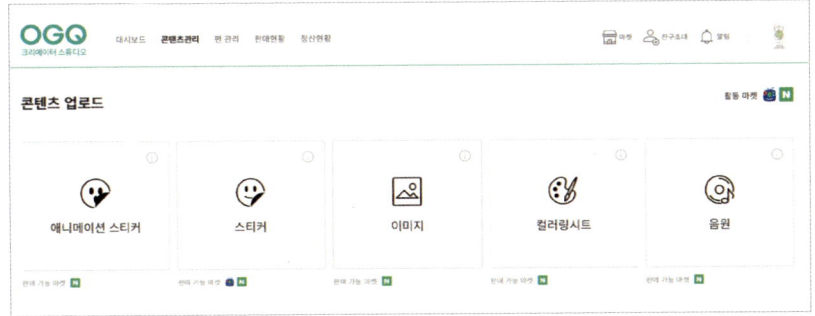

[콘텐츠 업로드]를 누르면 업로드 페이지(https://creators.ogq.me/artworks/upload)로 연결됩니다. 콘텐츠를 업로드할 수 있는 옵션들이 나와있습니다. 애니메이션 스티커와 스티커, 두 가지를 볼게요. 각 옵션의 우측 상단 귀퉁이에 있는 아이콘을 누르면 가이드 페이지(https://creators.ogq.me/guide/contents)로 링크됩니다. 오지큐마켓은 승인과 동시에 판매됩니다. 그렇기 때문에 오지큐마켓에서 가이드로 제시하고 있는 파일명을 주의해서 설정하고 등록해주어야 합니다. 파일명에 오타가 있으면 등록 자체가 안되는 시스템이더라고요. 파일명을 설정하려면 PC에서 파일명을 바꾼 뒤 등록해주면 됩니다. 오지큐마켓은 제안 시 이모티콘의 가격을 본인이 직접 책정할 수 있어요. 원하는 가격을 책정해주세요.

② 심사 결과 대기, 스티커 상품 출시

오지큐마켓은 1~2주의 검수 기간을 거칩니다. 검수 기간이 끝나 스티커가 승인되면 오지큐마켓에 등록됩니다. 미승인이 되는 경우에는 미승인의 사유를 알려주기 때문에 미승인의 사유가 된 부분만 수정해서 등록하면 재심사가 가능합니다.

수익과 정산은 어떻게 되나요?

오지큐마켓의 수익은 판매 금액의 70%를 정산받으며, 출시일 기준 2개월 뒤에 정산받을 수 있습니다.

3. 밴드 스티커

어떤 특징을 가지고 있나요?

밴드는 국내, 해외의 누적 가입자 수가 5천만 명에 달하는 앱입니다. 카카오 이모티콘처럼 승인 이후 담당자분과의 피드백으로 상품화 과정을 거친다는 특징이 있습니다. 테스트로 제안하는 이모티콘 스티커는 애니메이션 스티커의 경우 8종, 스틸 스티커의 경우 5종을 제출합니다. 승인 이후에는 애니메이션 스티커 총 24종, 스틸 스티커는 총 40종이 등록됩니다.

어디에 제안하나요?

밴드 파트너스(partners.band.us/partners/sticker)에서 제안합니다. 시안을 만들고 [스티커 제휴 제안하기]로 제안할 수 있습니다.

제안 전략은 무엇이 있나요?

밴드 또한 다른 플랫폼과 마찬가지로 주요 사용자가 어떤 성향인지 파악하는 것이 우선입니다. 밴드 앱을 관찰하고, 밴드 스티커 샵도 관찰해보세요. 밴드 스티커 샵은 밴드 앱에서만 볼 수 있어서 앱을 설치해야 합니다. 밴드를 사용하지 않더라도 앱을 다운받아 어떤 밴드가 활발히 활동 중이고, 어떤 식으로 스티커가 사용되고 있는지 리서치해보세요. 주변의 밴드 유저가 있는지 확인해보고 인터뷰를 진행하는 것도 좋은 방법이겠죠?

제안가이드는 어떻게 되나요?

① 스티커 시안 제작

밴드 스티커는 370*320px 사이즈로 제작하면 됩니다. 이때 애니메이션 스티커는 멈춰있는 png 이미지 5개과 움직이는 gif 이미지 3개으로 총 8개, 스틸 스티커는 멈춰있는 png 이미지 5개를 제작하여 제안합니다.

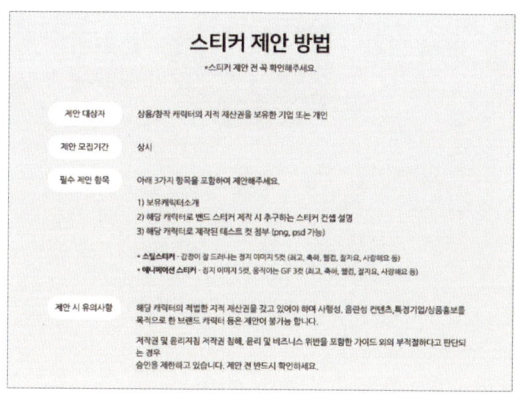

밴드 스티커의 제작 가이드와 제안 방법을 참고해서 제작해주세요.

② 심사 결과 대기

제안을 하고 약 2 ~ 4주 정도 대기하면 스티커 심사 결과가 메일로 옵니다. 제안할 때 작성했던 이메일로 결과 메일이 옵니다. 이메일을 정확하게 적어주세요!

③ 심사 결과 확인

승인을 받게 되면 스티커에 대한 전자계약서를 작성합니다. 계약을 하면서 스티커의 수익금에 대한 계약을 합니다.

④ 스티커 상품화

담당자와 이메일로 상품화 과정을 진행합니다. 밴드 스티커는 담당자님이 정확한 가이드 라인과 작업일자를 정해줍니다. 그리고 스티커를 완성합니다. 애니메이션 스티커의 경우 총 24개, 스틸 스티커의 경우 총 40개의 스티커를 만듭니다.

⑤ 스티커 상품 출시

상품화 과정이 끝나면 출시 일정을 배정받습니다.

4. 라인 스티커

어떤 특징을 가지고 있나요?

라인도 메신저 앱인데요. 우리나라보다는 대만, 태국, 일본을 중심으로 사용되고 있는 메신저 앱입니다. 카카오와 비교하면 사용하는 유저 인구는 월등히 많겠지만 그만큼 제안하는 인구도 몇 배는 됩니다. '우리나라 사람들만 올리는 카카오도 벅찬데, 라인도 그만큼 어렵겠지?' 이렇게 생각하실 수 있는데요. 오히려 라인은 등록하는 절차나 승인은 쉽습니다. 대신 샵에 등록되는 이모티콘의 개수가 엄청나게 많습니다. 카카오에 비해 라인의 경우에는 하루에 몇백 개씩 출시가 됩니다. 라인은 제안과 승인은 쉽지만, 출시 이후 몇백 개의 이모티콘 사이에서 구매를 유도하는 게 어려울 수 있다는 단점이 있습니다.

어디에 제안하나요?

라인 크리에이터스(https://creator.line.me/ko/)에서 스티커를 제안할 수 있습니다.

제안가이드는 어떻게 되나요?

① 라인 크리에이터스 가입

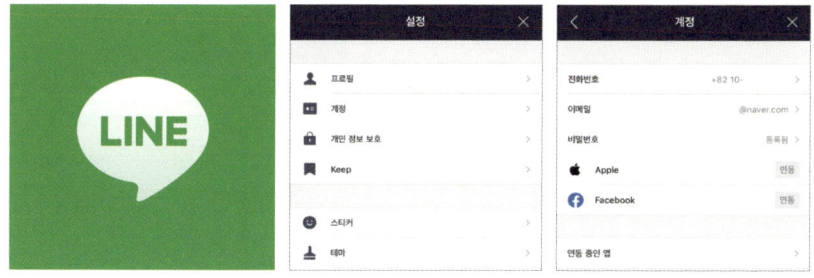

라인 크리에이터스에 가입하기 위해서는 라인 앱에 가입해야 합니다. 라인 앱에 가입 후, 이메일과 비밀번호를 설정해야 라인 크리에이터스에 가입할 수 있어요. 이메일과 비밀번호를 설정해준 뒤, 라인 크리에이터스에 들어가 아이디를 인증합니다.

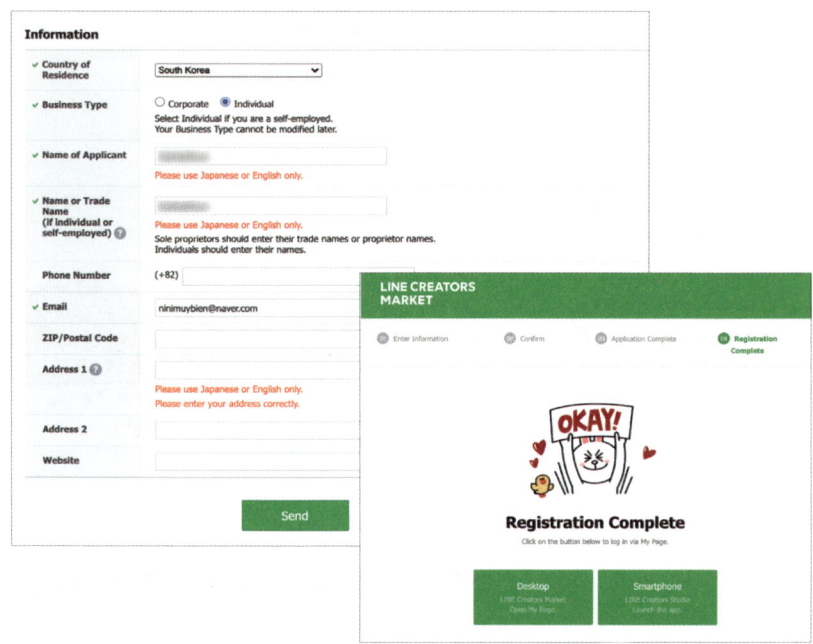

라인은 가입과 등록 절차 모두 영문으로 진행됩니다. 가입 정보는 필수 표시된 부분만 적어주면 됩니다. 상위의 순서부터 해당 국가(한국 South Korea), 비즈니스 유형(기업/개인), 지원자 이름(영문 이름), 이름 또는 거래용 이름(영문 이름), 이메일을 기입하면 됩니다. 절차를 밟고 이메일 인증을 하면 가입할 수 있어요.

② 페이팔 가입

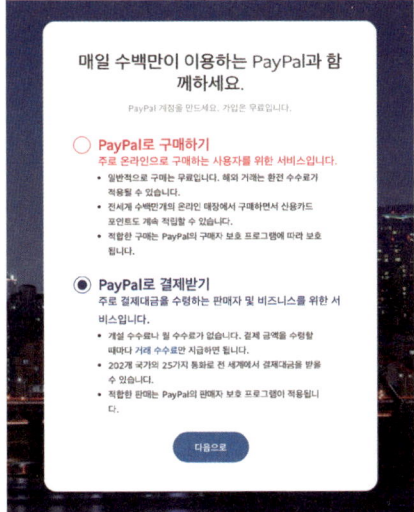 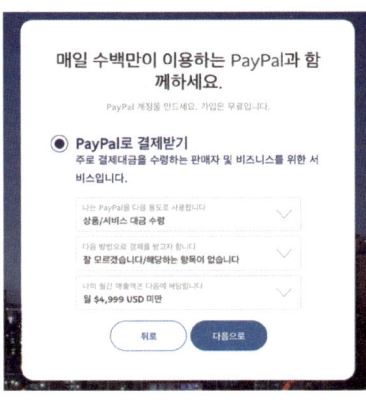

라인은 일본법인으로 등록되어 있기 때문에 우리나라 계좌가 아닌 페이팔을 통해 판매 금액을 정산받을 수 있습니다. 그래서 페이팔 비즈니스 계정을 생성하고, 라인 크리에이터스에 등록해야 이모티콘 대금을 정산받을 수 있습니다. 페이팔(www.paypal.com)에서 비즈니스 계정을 생성합니다. 페이팔에 접속 후, 우측 상단의 [회원가입]으로 가입할 수 있는데요. 이때 [PayPal로 결제받기]를 선택하고 가입해야 해요.

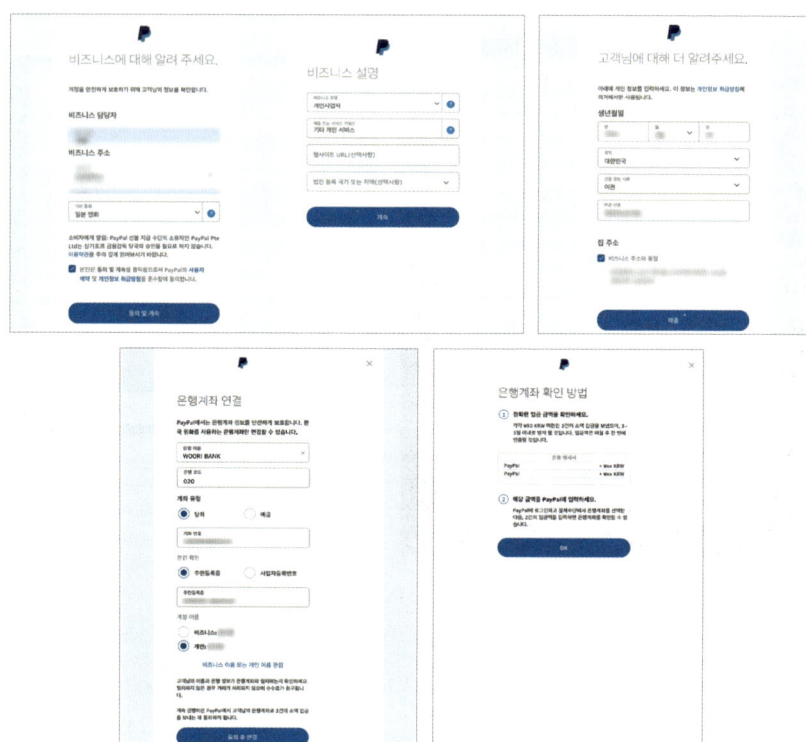

위 절차를 따라 가입하면 됩니다. 라인은 일본 법인이기 때문에 통화를 '엔화'로 지정해야 합니다. 은행 계좌 연결까지 끝내면 가입이 완료됩니다.

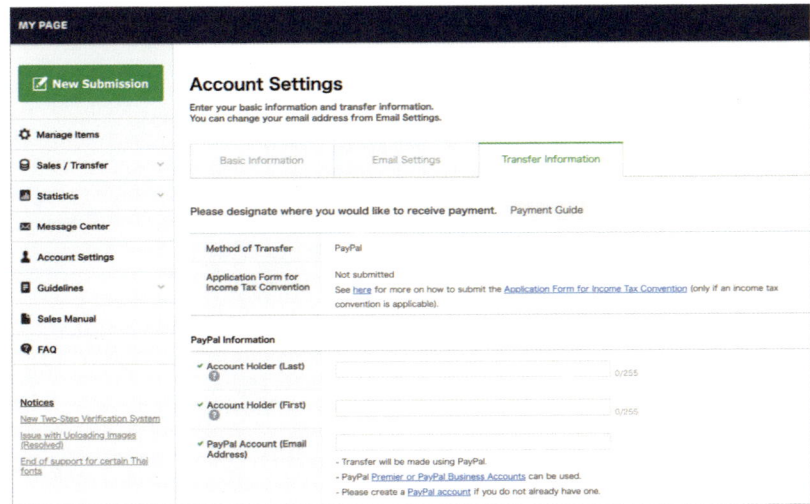

마지막으로 가입된 페이팔 계정과 라인 크리에이터스 계정을 연결해야 합니다. 라인 크리에이터스 관리자 메뉴에서 [Account Settings] - [Transfer Information]의 필수 정보를 입력하면 됩니다. 위에서 아래로 성, 이름, 페이팔 계좌 아이디를 영문으로 적어주면 됩니다. 이때 성과 이름은 페이팔 계정에서 등록한 이름으로 기입해야 합니다.

③ 스티커 시안 제작

라인 크리에이터스의 가이드라인(https://creator.line.me/en/guideline/sticker/)을 참고해 스티커 이미지를 제작합니다. 라인은 제작할 수 있는 상품이 다양한데요. 흔히 다른 플랫폼에서 사용하는 '이모티콘'의 개념을 라인에서는 '스티커'라고 부릅니다. 라인 스티커는 멈춰있는 스티커의 경우 8개, 16개, 24개, 32개, 40개로 다양하게 정할 수 있으며, 가격도 제안 시 작가 스스로

정할 수 있습니다. 스티커 사이즈는 370*320px입니다. 애니메이션 스티커의 경우 8개, 16개, 24개 중 선택할 수 있습니다. 라인 애니메이션 스티커는 apng 라는 포맷을 사용해서 스티커를 제작합니다.

④ 스티커 업로드

라인 스티커는 등록을 위한 절차가 꽤 복잡합니다. My page의 왼쪽 상단에 있는 [New Submission]을 눌러주면 스티커를 제안할 수 있습니다. 필수 체크된 항목만 차근차근 기입해줍니다. 기본은 영문인데 [Add Language]를 눌러 언어를 추가할 수 있습니다.

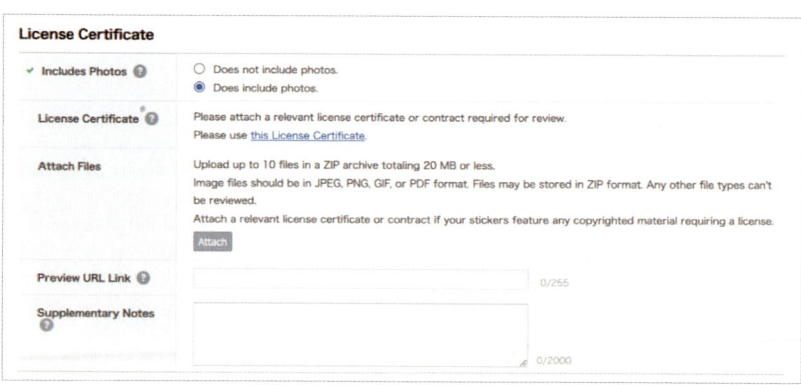

하단의 [License Certificate]는 이미지를 사용한 스티커인 경우에 해당되는 항목입니다. 이미지를 활용한 스티커라면 'Does include photos'를, 이미지를 활용하지 않은 스티커라면 'Does not include photos'를 체크하면 됩니다.

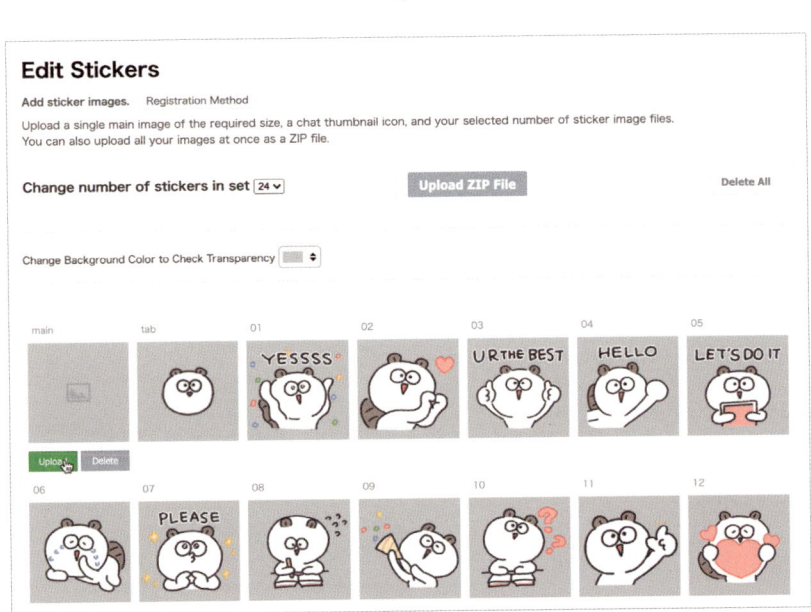

다음 단계로 넘어가면 스티커 이미지를 등록할 수 있습니다. 상단의 [Change number of stickers in set]로 스티커의 개수를 정할 수 있습니다. 만들어둔 스티커만큼 스티커의 개수를 변경하고 준비한 스티커와 대표 이미지, 탭 이미지를 등록해주면 됩니다.

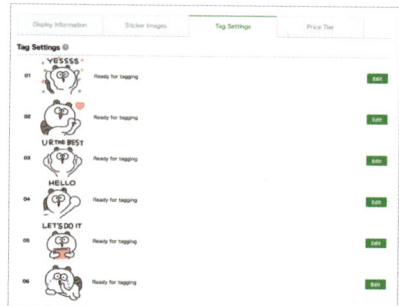 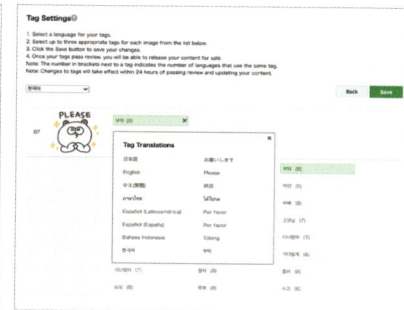

다음 단계는 태그를 정해주는 단계입니다. 스티커의 오른쪽에 있는 Edit 버튼으로 스티커의 태크를 정해줄 수 있습니다.

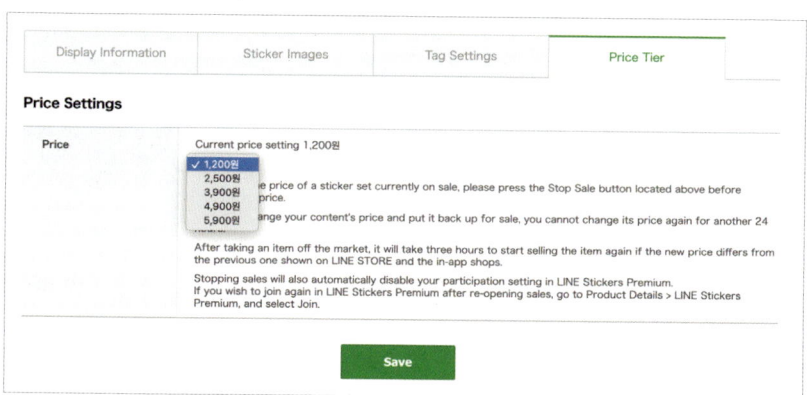

마지막으로 가격까지 정해주면 됩니다.

⑤ 심사 결과 대기 및 확인

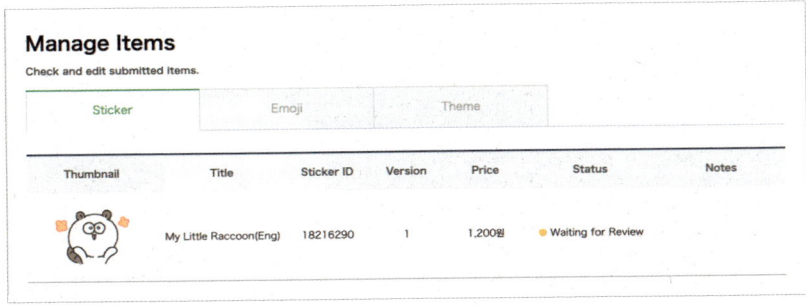

스티커 등록이 끝나면 Waiting for Review 상태로 바뀝니다. 담당자의 검수를 며칠 기다리면 검수 결과를 받을 수 있습니다. 라인 스티커는 미승인이 되면 왜 미승인이 되었는지 사유를 알려줍니다. 미승인이 된 경우에는 검수 사유를 보고 수정한 후 다시 검수를 기다리면 됩니다.

⑥ 스티커 상품 출시

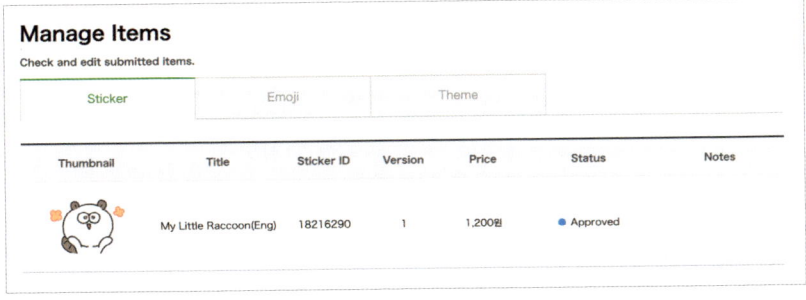

검수 승인이 되면, 스티커를 판매 상태로 바꿔주면 됩니다. 판매 상태로 바꿔주면 바로 샵에서 스티커를 구매할 수 있는 상태로 바뀝니다.

5. 모히톡

어떤 특징을 가지고 있나요?

모히톡 앱, 갤럭시 키보드, 페이스북 메신저 앱, 글로벌 프렌드 앱에서 사용할 수 있는 스티커를 등록하는 플랫폼입니다. 모히톡의 특징은 낱개의 이모티콘도 등록이 가능하며, 등록과 동시에 판매도 가능합니다. 세트로 제작하지 않고 단 한 개의 스티커도 바로 바로 등록할 수 있어요. 또 다른 특징으로는 최소 $100이상 판매되어야 정산된다는 특징이 있습니다.

어디에 제안하나요?

모히톡(https://stickerfarm.mojitok.com/)에서 스티커를 등록하고 관리할 수 있습니다.

제안가이드는 어떻게 되나요?

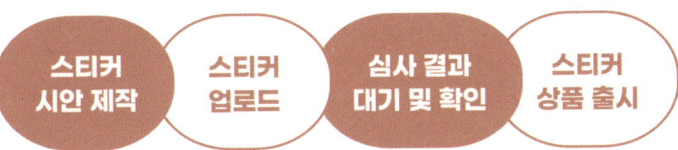

① 스티커 시안 제작

모히톡 스티커를 제안하기 위해서는 모히톡 사이트에 가입해야 합니다. 회원가입을 하면 이메일로 매주 이모티콘 관련 소식을 받을 수 있습니다. 모히톡 스티커는 618*618px 사이즈로 제작하면 됩니다. 멈춰있는 스티커는 png로, 움직이는 스티커는 배경이 투명한 gif로 제작하면 됩니다. 자세한 가이드는 모히톡 스티커 가이드(https://stickerfarm.mojitok.com/guide/howToUse)에서 확인할 수 있습니다.

② 스티커 업로드

Upload 탭에서 스티커를 등록합니다.

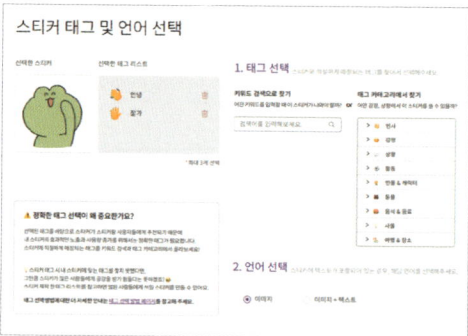 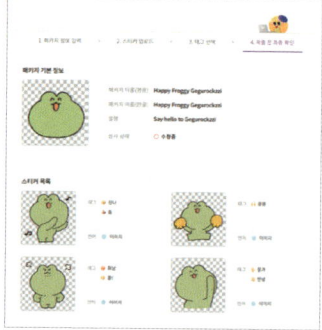

스티커 세트인 패키지 세트의 대표 이미지를 등록합니다. 패키지의 제목도 등록해줍니다. 그 다음 단계는 스티커 업로드입니다. 제작한 스티커를 등록해주세요. 그리고 나서 스티커별 태그를 정해줍니다. 스티커에 맞는 정확한 태그를 지정해야 합니다. 마지막으로 총 정리된 스티커 세트를 확인하고 제출하면 검수가 시작됩니다.

③ 심사 결과 대기 및 확인

모히톡 스티커 심사 검수는 4일에서 2주 정도 소요됩니다. 모히톡은 미승인이 되면 왜 미승인이 되었는지 사유를 알려줍니다. 미승인이 된 경우에는 검수 사유를 보고 수정한 후 다시 검수를 기다리면 됩니다.

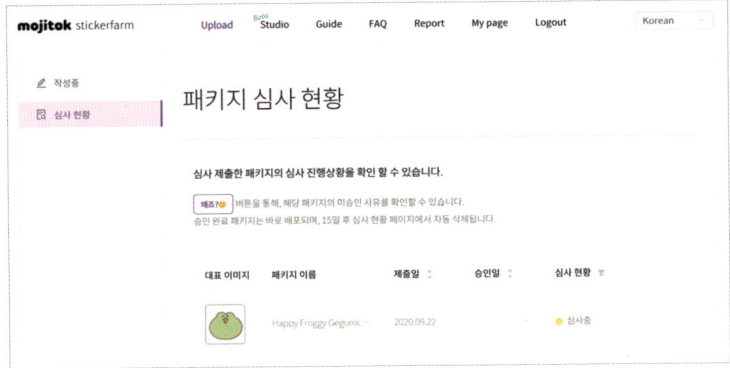

④ 스티커 상품 출시

검수 완료된 스티커는 바로 배포됩니다. 모히톡 앱에서 등록된 스티커를 확인해보세요!

하나의 이모티콘을 여러 플랫폼에 똑같은 디자인으로 제안해도 될까요?

만약 최초로 등록된 플랫폼이 카카오 이모티콘 샵인 경우에는 다른 플랫폼에서 같은 디자인을 사용할 수 없습니다. '상품화 과정'에서 카카오 담당자분과 의견을 주고받는 과정에 카카오의 의견이 들어가 있기 때문에 허락하지 않는다고 합니다. 밴드도 카카오와 비슷하지만, 같은 계열사인 네이버 오지큐마켓와 라인 크리에이터스에 한해서는 동시 제안이 가능합니다. 이외 다른 플랫폼은 카카오의 '상품화 과정'과 같은 플랫폼 직원의 직접적인 제작 지원이 없기 때문인지 다른 플랫폼에 제안하는 것에 대한 제한은 없습니다.

이렇듯 플랫폼의 종류가 정말 많습니다. 모히톡에서 잘 된다고 말하는 분도 있고, 어떤 분은 라인에서, 어떤 분은 오지큐마켓에서 대박을 친 분도 계세요. 사람마다 경우가 다르고 어떤 기회가 생길지, 이모티콘이 얼마나 팔릴지, 아무도 모르잖아요? 최대한 많은 플랫폼에 등록해보는 것을 추천드립니다!

PART **4**

QnA

 많이 받았던 질문들과 그에 대한 답변을 알아봅니다.

 이모티콘 강의를 진행하며 가장 많이 받았던 질문들을 모았습니다.

 ## 작업 이미지 적정 사이즈가 궁금해요!

Q 이모티콘 세트를 제작해서 여러 이모티콘 플랫폼에 모두 넣고 싶어요. 그리고 이 이모티콘 그림을 원본으로 삼아 굿즈 등 다른 곳에서도 사용하고 싶어요. 이럴 땐 이모티콘 사이즈를 어떻게 설정하는 게 좋은가요?

우선 작업 사이즈를 크게 설정하고 나중에 줄이는 방법을 추천해요. 큰 해상도에서 작은 해상도로 줄여주는 편이 반대의 방법보다 이미지 데이터 손실을 최소화할 수 있거든요(사실 손실이 전혀 없는 건 아닙니다. 작은 이미지를 크게 늘리는 데 비해, 큰 이미지를 줄이는 것이 비교적 손실이 적은 것뿐이에요). 크게 작업하고, 나중에 리사이징으로 사이즈를 조절할 거라면 1000*1000px 정도의 크기에 작업하고 줄이면 됩니다. 이보다 더 커지면 용량이 무거워질 수 있어요. 이렇게 작업하고 나서 플랫폼별 사이즈에 맞추어 새로 저장해주면 되는데요. 이 기능은 PC 포토샵을 사용하면 됩니다. 물론 꼭 처음부터 크게 만들어서 줄여야 하는 건 아니에요. 저는 각 플랫폼별로 그때그때 새로 작업하는 편이라, 모든 원본 파일이 각 이모티콘 플랫폼의 사이즈랍니다. 저는 리사이징 과정이 너무 귀찮아서 그냥 작업해줘요. 개인의 취향대로 작업하면 됩니다.

폰트와 서체는 자유롭게 사용하나요?

Q 상업적 사용이 가능한 폰트는 어떻게 구별하나요?

눈누(https://noonnu.cc/)

상업용 사용이 가능한 무료 한글 폰트를 모아둔 고마운 사이트가 있어요. 이 사이트에서 마음에 드는 폰트를 고르면 됩니다. 그러나 무료 폰트라고 해서 모든 곳에서 자유롭게 사용할 수 있는 건 아니에요. 폰트도 저작물이기 때문에 저작자가 폰트별로 사용할 수 있는 범위를 제한할 수 있으며, 무료로 사용할 수 있는 범위가 다를 수 있습니다. 그렇기 때문에 폰트를 사용하기 전에 정확한 사용 범위를 확인하고 폰트를 사용해야 해요. 눈누에서는 상업적 사용이 가능한 무료 서체를 소개하고, 각 서체와 연결되는 링크를 모아두었습니다. 원하는 서체의 다운로드 페이지로 이동해서 사용 범위를 확인해보세요. 네이버 나눔글꼴에 대한 라이선스 안내를 같이 볼게요.

> | 제목 | 업데이트 | 조회수 |
> |---|---|---|
> | **네이버 나눔글꼴 라이선스 안내** | 2020.05.08 | 855497 |
>
> **네이버 나눔글꼴의 지적 재산권은 네이버와 네이버 문화재단에 있습니다.**
>
> 네이버 나눔글꼴은 개인 및 기업 사용자를 포함한 **모든 사용자에게 무료로 제공되며**
> **글꼴 자체를 유료로 판매하는 것을 제외한 상업적인 사용이 가능합니다.**
>
> 네이버 나눔글꼴은 본 저작권 안내와 라이선스 전문을 포함해서
> 다른 소프트웨어와 번들하거나 재배포 또는 판매가 가능하고 자유롭게 수정, 재배포하실 수 있습니다.
>
> 네이버 나눔글꼴 라이선스 전문을 포함하기 어려울 경우,
> 나눔글꼴의 출처 표기를 권장합니다.
>
> **예) 이 페이지에는 네이버에서 제공한 나눔글꼴이 적용되어 있습니다.**
>
> 네이버 나눔글꼴을 사용한 인쇄물, 광고물(온라인 포함)의 이미지는
> 나눔글꼴 프로모션을 위해 활용될 수 있습니다.
>
> 이를 원치 않는 사용자는 언제든지 당사에 요청하실 수 있습니다.
>
> 정확한 사용 조건은 아래 네이버 나눔글꼴 라이선스 전문을 참고하시기 바랍니다

네이버 나눔글꼴 라이선스에 따르면, 네이버 나눔글꼴은 개인 및 기업 사용자를 포함한 ==모든 사용자에게 무료로 제공되며 글꼴 자체를 유료로 판매하는 것을 제외한 상업적인 사용이 가능하다==고 되어있어요. 즉, 글꼴을 유료로 판매하는 것에만 제한이 있을 뿐, 사용 범위에 대한 것은 어떤 것에도 제재를 하지 않겠다는 이야기죠. 폰트를 사용하기 전에 꼼꼼히 체크해서 글꼴의 사용 범위를 확인해주세요. 사용 범위를 확인해도 찝찝한 느낌이 든다면 직접 손글씨로 작업해도 괜찮습니다! 저는 직접 글씨를 쓰는 편입니다. 아무리 예쁜 서체가 있어도 제 그림과 가장 잘 어울리는 서체는 제 본연의 손글씨라고 생각해서 손글씨를 사용하고 있어요. 이모티콘에서 사용한 브러시와 맞춰서 통일성을 주고 싶은 욕심도 있었고요. 제 이모티콘의 서체가 무엇인지, 손글씨를 잘 쓰는 방법이 있는지도 많이 물어보더라고요. 초등학교 쓰기 교과서를 숙제

로 할 때부터 회색으로 되어있는 예시 글씨와 최대한 똑같이 그리려고 노력했던 것 같아요. 글씨를 '쓴다'기보다 예시 글씨를 보고 최대한 비슷하게 따라서 '그렸다'고 표현하는 게 정확해요. 손글씨에 자신 없다면 마음에 드는 무료 폰트로 먼저 텍스트를 작성해보고, 텍스트 폰트 위에 따라 그리면서 연습해보는 건 어떨까요?

Q 마음에 드는 글씨를 발견했는데, 이 글씨의 이름이 뭔지 알고 싶어요.

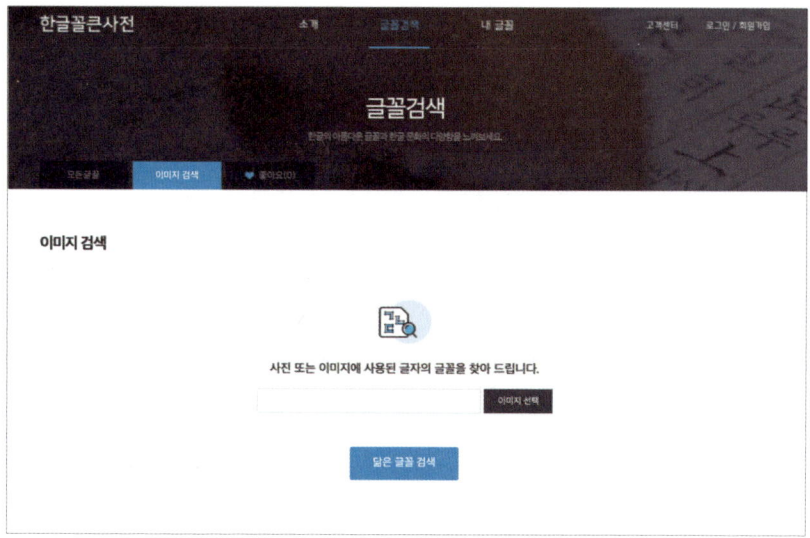

한글꼴큰사전(https://hanfont.hangeul.go.kr/search/image.do)

서체의 이미지를 가지고 있다면, 이미지로 서체를 검색할 수 있는 사이트가 있습니다. 국립한글박물관에 이미지를 업로드하면 서체의 이름을 알 수 있습니다.

캐릭터의 저작권이 궁금해요!

Q 저작권 등록은 필수인가요?

저작권 등록은 이모티콘 등록을 하기 위해서 꼭 필요한 것은 아닙니다. 이모티콘 등록을 한다고 해서 자동으로 등록되는 것도 아닙니다. 저작권은 저작권위원회에 등록하는 순서대로 생기는 것이 아닙니다. 저작자가 캐릭터를 제작하는 순간부터 생기는 권리입니다. 저작권 등록은 저작권 관련 분쟁이 발생할 때를 대비하여 등록하는 선택 사항입니다.

Q 어떻게 등록하나요?

저작권 등록을 위한 준비물은 공인인증서가 설치된 PC, 캐릭터를 설명할 수 있는 구체적인 글과 캐릭터의 앞, 뒤, 옆모습이 그려진 이미지 파일, 그리고 수수료입니다. 저작권 등록은 한국저작권위원회(www.cros.or.kr)에서 할 수 있습니다.

카카오에서 미승인된 이모티콘은 어떻게 할까요?

Q 카카오에 이모티콘을 제안했는데 미승인을 받았어요.

제가 카카오 이모티콘에서 미승인된 이모티콘을 다시 제안했는데 승인된 사례가 있어 소개해드릴게요! 식빵 같은 남매를 기획해서 제안했는데 미승인이 되었습니다. 나름대로 미승인 사유를 분석해보며 저의 뇌피셜과 주변 친구들의 뇌피셜을 모아보니 이런 의견이 있었어요. "귀엽긴 한데, 우리나라의 어떤 남매가 서로 카톡하자고 이모티콘까지 사겠어?" 이 말을 들으니 바로 수긍이 되더라고요. 저도 남동생과 지금껏 카톡을 5번 정도 했으려나요. 상품성이 없다는 결론으로 마무리하려 했으나, 그렇다고 이 캐릭터를 버리기엔 컨셉이 너무 마음에 들었어요. 미련이 남아서 비주얼을 바꾸어, 네이버 오지큐마켓에 제안해보았습니다. 올리는 김에 개구락지와 함께 등록했습니다.

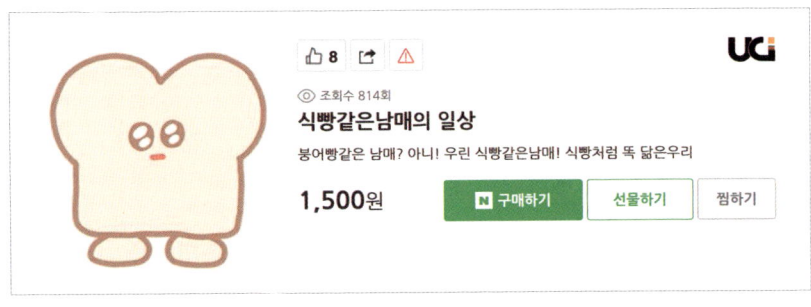

그런데 결과가 놀라웠어요. 개구락지보다 식빵 남매의 인기도가 더 좋다는 것이었습니다. 이렇게 되고 나니, 먹히는 비주얼인 건가? 하는 마음에, 비주얼과 컨셉을 약간 수정해서 '남매 사이의 대화'보다는 '두 콤비의 대화'의 느낌으로 컨셉을 약간 수정해서 카카오에 재도전해보니 승인이 되었습니다.

재도전하기

카카오에 재도전

미승인이 된 이모티콘을 다시 제안해서 승인이 될 수 있나요? 이 질문에 대한 답은 식빵남매를 보면 될 것 같아요. 실제로 승인되는 사례도 있고, 카카오 이모티콘 공식 FAQ에서도 재제안에 제한을 두지 않는다고 이야기하고 있습니다. 그렇지만 카카오에서는 어떤 부분을 수정해야 하고, 어떤 부분 때문에 미승인이 된 건지 확실하게 이야기해주진 않습니다. 그러니 우리가 할 수 있는 가장 최선의 방법은 의심 가는 미승인 요소를 바꿔서 다시 제안해보는 것입니다. 이런 방식으로 도전하다 보면 언젠가는 처음에 떨어진 이유도 알 수 있겠죠. 바로 도전하지 말고 어느 정도의 시간을 갖는 것이 좋습니다. 생각을 환기하면서 제안했던 이모티콘을 객관적 시선으로 바라볼 수 있는 시기를 기다리세요. 똑같은 걸 계속 반복하면 나도 모르게 생각이 고착화되어 다시 비슷한 걸 만들게 되고, 새로운 아이디어가 떠오르지 않더라고요.

다른 플랫폼에 도전

카카오 이모티콘에 제안했던 이모티콘을 다른 플랫폼에 제안하실 때는 카카오에 제안했던 그대로 내기보다는 약간의 수정을 하는 것이 좋습니다. 해당 플랫폼의 느낌과 트렌드를 따라가는 것이 꿩 먹고 알 먹는 방법이겠지요. 해당 플랫폼이 사용되는 사용처, 그리고 해당 플랫폼에서의 인기 스티커를 유심히 보고 이모티콘을 수정해서 제안해주세요.

같은 이모티콘을 다른 플랫폼에 내도 되나요?

Q 제작한 이모티콘 세트를 다른 플랫폼에 동시에 제안해도 괜찮을까요?

어떤 플랫폼에 제안하느냐에 따라 다릅니다. 카카오 이모티콘이나 네이버 밴드와 같은 플랫폼은 제안 이후의 상품화 과정이 있습니다. 이러한 플랫폼의 특성상 플랫폼 담당자와의 커뮤니케이션을 통해 이모티콘 세트가 제작된다고 할 수 있어요. 그래서 카카오 이모티콘의 경우는 카카오에서 우선적으로 제작한 이모티콘 세트를 그대로 타 플랫폼에 제안하는 것을 지양하고 있습니다. 앞(255p)에서 이야기했듯이, 같은 계열사인 네이버 오지큐마켓과 라인 크리에이터스에 한해서는 동시 제안이 가능합니다. 다른 이모티콘 플랫폼은 동시 제안에 대한 제재가 없습니다. 모든 이모티콘 플랫폼은 이모티콘 자체 상품을 판매하는 권한만 있을 뿐, 이모티콘 캐릭터의 저작권을 독점하는 플랫폼은 없습니다. 캐릭터 저작권은 저작자인 작가에게 귀속됩니다.

패러디와 표절의 차이는 무엇인가요?

Q 어떤 기준으로 패러디와 표절이 결정되나요?

패러디는 잘 알려진 원작을 비틀어 새로운 메시지를 풍자적으로 표현하는 방법을 말합니다. 표절은 다른 사람의 저작물을 도용하며 자신의 창작물처럼 발표하는 행위를 이야기합니다. 두 개념의 경계가 매우 모호한 것이 사실입니다. 한국저작권위원회에도 저작권법상 허용되는 패러디의 범위에 대해 이야기하고 있습니다. 패러디가 되기 위해서는 원저작물과는 다른 새로운 가치를 창출하거나, 원저작물과는 다른 새로운 기능을 가지고 있어야 하고, 원작을 떠올리게 하는 정도까지는 패러디로 허용하고 있습니다. 이외의 단순한 흥미 유발이나 관심을 끌기 위한 패러디는 저작권법상에 허용되지 않는 범위라고 이야기합니다.

그런데 여전히 내용이 애매모호하죠? 제작하는 제작자의 판단이 가장 중요하다고 생각됩니다. 제작자의 판단에서 '이건 패러디다!'라고 판단이 된다면 패러디가 되는 것 아니겠어요? 결국 제작을 한 제작자의 판단이었고, 결정이니까요. 저작권에 대한 더 자세한 이야기는 이곳에서 찾아볼 수 있습니다.

- 저작권법상 허용되는 패러디란?
  한국저작권위원회 - 저작권상담 - 상담이슈

- 한국저작권위원회 - 저작권법률문의
  https://www.copyright.or.kr/kcc/counsel/law/init.do

더 궁금한 게 있어요!

Q 이모티콘을 제안할 때 플랫폼에 대해 궁금한 게 생겼어요. 어디에 물어봐야 하나요?

이모티콘을 제안하는 각각의 플랫폼들은 대부분 공식 FAQ와 공식 이메일이 있습니다. 가장 정확한 정보는 공식 FAQ를 참고하면 좋겠지요. 생각보다 공통적인 질문이 많아 궁금증이 해결될 수 있습니다. 공식 FAQ에서도 답을 찾기 어렵다면 FAQ에 있는 공식 이메일로 문의를 남겨보세요.

이모티콘 플랫폼	공식 FAQ 페이지
카카오 이모티콘 스튜디오	https://emoticonstudio.kakao.com/pages/faq
오지큐마켓	https://ogqmarket.naver.com/cs/board/faq/user
밴드	https://partners.band.us/partners/sticker/faq
라인 크리에이터스	https://help2.line.me/creators/web/
모히톡	https://stickerfarm.mojitok.com/faq

epilogue

여러분들께 보내는 편지

여러분, 어떠셨나요? 이모티콘을 제작하기 위한 첫 단추를 꿰신 모두를 진심으로 축하드립니다.

첫 이모티콘이 승인 났을 때 어떤 느낌이었는지 공유해드리고 싶어요. 그때는 회사를 다니고 있었는데, 첫 사회생활은 제가 알던 것과 많이 다르더라고요. 제가 바로 회사에서 자아실현을 하려다 실패한 사람인데요. 회사를 다니면 다닐수록 제 자신이 누구인지 기억이 안 나고 그냥 회사에서 주는 일만 하는 회색 인간처럼 살고 있었어요.

그러다 장난처럼 낸 이모티콘이 승인이 난 거예요. 그때의 느낌은 마치 무채색의 세계에서 오래 살아서 색깔을 기억 못 하다가 백만 년 만에 색을 본 사람이 된 기분이었어요. 대학교 합격했을 때만큼 기뻤어요.

자랑하려고 말씀드리는 게 아니라, 여러분들도 이 느낌을 꼭 느껴보셨으면 좋겠어요. 이모티콘으로 부업을 해보고 싶어서 도전하는 분들도 많으실 거예요. 하지만 저는 이모티콘이 여러분들의 개성을 담을 수 있는 매개로써, 여러분의 자아실현을 할 수 있는 매개로써, 그리고 여러분의 지루한 일상을 탈피할 수 있는 멋진 매개로써 작용하는 것을 기대하고 싶어요.

내 손으로 만든 무언가가 멋진 타이틀을 달고 정식으로 등록되어있는 느낌은 정말이지 얼떨떨하고 짜릿하답니다. 여러분, 이런 느낌을 어디서 느껴보겠어요?

일상이 지루하다면 꼭 도전해보세요. 여기까지 함께 달려온 분이 이 글을 읽고 계시겠지요. 저는 여러분께 필요한 나무가 될 테니 저를 연료 삼아 마음의 불을 지펴 마음껏 달려봅시다. 더 많은 분들이 봐주시고 도움을 얻어가셨으면 했는데, 그럴 수 있었기를 바랍니다.

그럼, 이만 말을 줄일게요.
잘 따라와주신 여러분 정말 감사합니다!

2021년 가을
니니(변서희) 드림